Ab in den Garten

Alles was Sie wissen müssen

HELGA URBAN
THOMAS HAGEN

blv

Inhalt

Die ersten Schritte zum eigenen Garten

Aller Anfang – ist gar nicht so schwer 8

Richtig planen – macht später vieles leichter 10

Räume aufteilen – und der Garten wird größer .. 12

Wege und Pfade 14

Sitzplätze und Terrassen 15

Gartengestaltung – Reihen- und Doppelhaus 16

Gartenrenovierung – aus alt mach' neu 20

Blumenbeete und Rabatten –
ganz einfach anlegen 22

Gartenpflanzen – die ganze Vielfalt 28

So geht's ganz leicht

Gartengeräte 34

Bodenvorbereitung 36

Einkauf 38

Rasen anlegen und pflegen 40

Richtig pflanzen 46

Bäume und Sträucher 46

Hecken 48

Rosen 50

Kletterpflanzen 51

Stauden 52

Zwiebelblumen 54

Sommerblumen 56

Richtig pflegen 58

Bodenpflege und Kompost 58

Gießen und Wässern 60

Düngen 62

Schneiden 64

Pflanzen gesund erhalten 66

Winterschutz 70

Pflegetipps 72

... für Bäume und Sträucher 72

... für Hecken 74

... für Rosen 76

... für Stauden und Sommerblumen 78

Die besten Pflanzen für Gartenneulinge

Hecken 82

Bäume und Sträucher 86

Kletterpflanzen 94

Rosen 100

Stauden 106

Gräser 118

Bodendecker und Farne 122

Zwiebelblumen 128

Sommerblumen 134

Anhang

Bezugsquellen und Adressen 140

Stichwortverzeichnis 141

Über die Autoren 143

Die ersten Schritte zum eigenen Garten

Aller Anfang … 8

Richtig planen 10

Räume aufteilen 12

Wege und Pfade 14

Sitzplätze und Terrassen 15

Gartengestaltung 16

Gartenrenovierung 20

Blumenbeete und Rabatten 22

Gartenpflanzen –
die ganze Vielfalt 28

Aller Anfang …
ist gar nicht so schwer – nur Mut!

Hurra, ich habe einen Garten! Mit diesem Jubelschrei begann ein Abenteuer, das mein Leben mehr verändert hat als jede andere Entscheidung zuvor.

Endlich kann ich schalten und walten, wie es mir gefällt, meiner Fantasie freien Lauf lassen, meine Wünsche verwirklichen und in der Erde wühlen. Ein herrliches Gefühl!

■ Die Qual der Wahl beim Einkauf für den neuen Garten. Haben möchte man am liebsten alles. Doch das wäre des Guten zu viel.

Mit niemandem muss man diskutieren, keiner widerspricht. Niemand macht mir Vorschriften. Oder doch? Dass die Natur ihre eigenen Gesetze hat, die stärker sind als der eigene Wille, musste ich erst schmerzlich lernen.

Auch zum Wetter bekommt man ein ganz anderes Verhältnis. Ist so ein Regenguss nicht ein Segen, wenn gerade die Düngeaktion beendet ist? Man hatte sowieso keine Zeit mehr zum leidigen Wässern. Und Kraft auch nicht. Nun muss man notgedrungen eine Pause einlegen. Schlechtes Wetter ist auf einmal unheimlich schön.

Sich nach getaner Arbeit – selbst der pflegeleichteste Garten braucht eine ordnende Hand, er braucht Wasser und Nahrung – nur noch hinzusetzen ins selbst geschaffene kleine Paradies, um es zu genießen, ist eine wunderbare Befriedigung. Oder das Frühlingserwachen im eigenen Garten zu erleben. Oder Veilchen im November zu pflücken. Etwas Eigenes zu schaffen, und sei es noch so klein – gibt es etwas Schöneres?

Der Garten dankt alle Liebe, die man hineinsteckt. Mit der Zeit entsteht eine Wechselwirkung nach dem Motto: »Gibst du mir, geb ich dir.« Einmal braucht der Garten Zuwendung und Hilfe. Auch das Androhen von Maßnahmen kann eine erstaunliche Wirkung haben. Ein anderes Mal gibt der Garten dem Menschen Kraft. Das funktioniert hervorragend.

Wenn aber einmal etwas schiefgeht, eine Pflanze sogar meint, sie müsse abtreten, dann macht sie das ja nicht, um uns zu ärgern. Irgendetwas hat ihr nicht behagt – nur: Wie merkt man es, bevor es zu spät ist? Schließlich werden die wenigsten von uns mit einem silbernen Spaten in der Hand geboren!

■ Mein Garten, mein eigenes Paradies! Wo sonst habe ich diese Freiheit, ganz nach meinem Geschmack zu gestalten?
Hier bin ich mein eigener Herr, kann planen und pflanzen – doch die Natur spricht auch ein Wörtchen mit.

Richtig planen gleich zu Anfang – macht später vieles leichter

Oft gibt es beim Grundstück nichts zu wählen. Es wurde mit dem Haus gekauft, war das Einzige, was zu haben oder bezahlbar war. Hat der Garten Mängel – wer findet schon uneingeschränkt alles schön, was der Vorgänger gemacht hat –, gilt es, diese zu beseitigen oder zu mildern. Das muss ja nicht alles so-

fort geschehen, die Zeit ist unser Verbündeter. Und auch bei Neubauten muss man mit den Gegebenheiten zurechtkommen. Fehlt es an Nährstoffen, kann durch Düngen nachgeholfen werden, fehlt es an Feuchtigkeit, durch Bewässerung. Nur eines können Sie nicht künstlich hervorbringen: die Sonne.

▪ Mit der Zeit wird dieser Garten wunderschön aussehen. Auch wenn man es sich in diesem Stadium kaum vorstellen kann.

Bevor Sie die tollsten Ideen entwickeln, ist es sinnvoll, sich erst einige Fragen zu beantworten.

- ▪ Wo ist der sonnigste Teil des Gartens, am Mittag und am Abend?
- ▪ Wo ist der geschützteste Platz?
- ▪ Welche Nachbarn habe ich? Möchte ich vielleicht den Zaun entfernen, damit der Garten großzügiger wirkt? Oder möchte ich mit ihnen so wenig wie möglich zu tun haben? Das soll es ja auch geben!
- ▪ Wie ist der Boden beschaffen? Auf sandigem Boden fühlen sich andere Pflanzen wohl als auf lehmigem, auf saurem andere als auf kalkhaltigem (siehe Seite 36 f.).
- ▪ Über den Weg zur Haustür, die Einzäunung und die leidigen Mülltonnen muss man sich auch Gedanken machen.
- ▪ Nachbarrechte und -pflichten sind von Ort zu Ort, ja selbst innerhalb eines Ortes unterschiedlich. Um unnötigen Ärger zu vermeiden, sollte man sich wegen der Grenzabstände bei der örtlichen Verwaltung erkundigen.

Was erwarte ich vom Garten? Bestimmt nicht, dass ich noch mehr Arbeit habe. Sind mir Ruhe und Entspannung am wichtigsten? Oder die Freude an Pflanzen, Farben, Düften, oder der Natur als Ganzes? Möchte ich fröhliche Feste in ihm feiern oder brauche ich einen Spielplatz für die Kinder? Oder möchte ich einfach nach Herzenslust gestalten?

In den seltensten Fällen hat man einen Garten für sich allein. So unterschiedlich die Menschen sind, so unterschiedlich sind ihre Wünsche und Erwartungen. Also heißt es: Kompromisse machen. Dabei können wunderschöne Ergebnisse entstehen. Ein Rosengarten, ein Kräuterbeet, ein Sitzplatz für den Abend, eine Duftrabatte, ein Hausbaum, ein Gewächshaus – das lässt sich alles unter einen Hut bringen. Und planen Sie auf Zeit. Warum nicht den Sandkasten dorthin setzen, wo man später einen kleinen Teich haben möchte?

Wunsch und Wirklichkeit

Ein Lavendel kann sich ebenso wenig im Waldschatten wohlfühlen wie ein Rhododendron auf magerem Kalkboden an der Südwand eines Hauses. Nutzen Sie die jeweiligen Gegebenheiten zu Ihrem Vorteil. Informieren Sie sich in den Pflanzenbeschreibungen (Seite 80 ff.) über die Ansprüche Ihrer Lieblinge. Planen Sie nicht gegen die Natur, Sie werden nur frustriert sein und Zeit, Geld und Kraft verschwenden. Und die motivierenden Erfolgserlebnisse bleiben aus.

Auf keinen Fall sollten Sie Ihre persönliche Beziehung zum Garten außer Acht lassen. Ein Garten lebt von der Persönlichkeit des Besitzers. Versuchen Sie nicht, gegen Ihr Naturell zu planen. Wenn Sie sehr ordentlich sind und kein Blättchen liegen sehen können, ist ein romantischer Garten mit nostalgischen Rosen und vielen Stauden nicht das Ideale. Sind Sie dagegen romantisch veranlagt oder auch etwas chaotisch, werden Sie kaum in einem klar durchgestylten Garten glücklich werden.

Welche Jahreszeit ist mir die wichtigste? Wenn ich regelmäßig auf Mallorca überwintere, braucht der Garten um diese Zeit nicht attraktiv zu sein. Das winterblühende Geißblatt und die Schneeglöckchen sind längst verblüht, wenn ich erst im März zurückkomme. Verreise ich dagegen regelmäßig während der Schulferien, braucht mich das viel beklagte Blühloch im August nicht zu kümmern (was übrigens kein Loch sein muss). Fange ich aber Jahr für Jahr im November an, schwermütig zu werden, brauche ich Pflan-

zen, die erst dann zu blühen anfangen, wenn sich sonst alles verabschiedet. Auch Fragen wie: »Wie viel Arbeit kann ich leisten und bin ich gewillt zu leisten? Wie viel Zeit kann ich investieren und habe ich sie das ganze Jahr über?«, sollte man sich ehrlich beantworten.

Idealerweise betrachtet man den Garten als Fortsetzung des Hauses, ja sogar der Innenräume. Wenn ich altdeutsche Möbel habe und blicke in einen Garten mit Bambus und Steinlaternen, passt das genauso wenig zusammen wie eine Art-déco-Einrichtung zu Gartenzwergen im Bauerngarten. Ein mediterraner Garten ist an der Nordseeküste so fehl am Platz wie ein ostasiatischer im Allgäu.

Das Ziel der Gartengestaltung sollte also ein harmonisches Ganzes sein, im Einklang mit dem Stil des Hauses und der Umgebung – mit einer ganz persönlichen Note, die den eigenen Garten von anderen Gärten unterscheidet.

■ Auch dieser Garten wurde einmal neu angelegt – nur sind schon einige Jahre vergangen. Vielleicht möchte man sogar inzwischen etwas ändern.

Räume aufteilen und dadurch Größe schaffen – so paradox das klingt

Wände begrenzen einen Innenraum. Sie sind in der Regel vorhanden. Im Garten muss der Raum erst gebildet werden. In größeren Gärten durch Bäume und Hecken – in kleineren durch Mauern, Zäune, Rankgerüste oder eine Pergola.

Wie mag es hinter der Hecke wohl weitergehen? »Raumteiler« und Durchgänge machen neugierig und den Garten somit interessant.

Die Raumwirkung ist gleichbedeutend mit Dreidimensionalität – Länge, Breite und Höhe. Es gibt auch noch eine vierte Dimension, die Zeit – die kommt im Kapitel »Umgestaltung« dran (Seite 20).

Unterschätzen Sie nicht die Höhe. Sie ist sehr wichtig. Der Garten wirkt sonst leicht wie ein ausgerollter Teppich. Dem Haus muss ein optisches Gewicht entgegengesetzt werden, damit das Verhältnis stimmt. Hier ein wuchtiges Haus, anschließend eine flache Grünfläche – und das Haus wirkt noch massiger.

Unterschiedliche Höhen können bereits vorhanden sein. Oder müssen geschaffen werden, z. B. mit Stufen zu einem tiefer gelegenen Sitzplatz. Hecken, Zäune, Rosenbögen, Bäume und Kletterpflanzen betonen die Vertikale. Kleine, flache Bereiche werden durch Hochbeete oder durch Pflanzen in verschiedener Höhe interessant.

Wer hat schon einen Park?

Durch Unterteilung entsteht Größe. Die meisten von uns möchten, dass ihr Garten größer wirkt. Wenn man nun versucht, den Garten durch eine möglichst große Rasenfläche größer wirken zu lassen, erreicht man genau das Gegenteil. So unglaublich das auch klingt. Das Auge wird durch nichts aufgehalten und beschäftigt. Es überblickt sofort die ganze Fläche. Das Gehirn erfasst im Nu den gesamten Raum und hakt ihn ab. Es gibt nichts Verborgenes, nichts Geheimnisvolles und Verwunschenes. Der Garten wirkt klein. Und nicht nur das. Es wirkt ausgesprochen langweilig.

Selbst auf der kleinsten Fläche kann so gepflanzt werden, dass es irgendwo eine kleine Überraschung gibt. Und wenn es nur ein Strauch ist, ein Spalier an der Seitenwand oder ein attraktiv bepflanzter Tontopf.

Apropos Park. Wenn Sie einen Garten in zumindest parkähnlichen Ausmaßen haben, brauchen Sie ihn nicht noch größer erscheinen zu lassen. Auch hier gilt das gleiche Prinzip: Durch die Aufteilung in Räume wirkt er interessanter.

Eine lockere, transparente Unterteilung durch höhere Pflanzen kann Wunder vollbringen. Sie verlangsamt den Blick, ohne ihn auszusperren.

»Handtuchgärten« gibt es viele. Sie müssen aber nicht so aussehen. Ein langer, schmaler Garten wirkt ausgewogener, wenn er durch geschickte Gestaltung optisch verkürzt und nicht noch künstlich verlängert wird (siehe Seite 16/17).

Perspektiven, Formen und Proportionen

Selbst in dem kleinsten Garten kann mit der Perspektive gearbeitet werden. Und gerade dort kann sie Wunder vollbringen. Es ist erstaunlich, wie sich das Auge täuschen lässt. Wie oft habe ich gehört: »So klein ist Ihr Garten doch gar nicht. Da hinten geht es doch noch weiter.« Ja, schön wäre es.

Die Größe des Gartens spielt eine große Rolle. Eine noch größere Rolle aber spielt die Form. Schmale Rabatten oder Beete mit kleinen Blättern und winzigen Blüten hinterlassen in einem großen Garten keinen Eindruck und wirken verloren. Das Gleiche gilt für schmale, kurze Wege oder ein einsames Stühlchen. In einem kleinen Garten sind sie jedoch ideal.

Auf die Proportionen kommt es an. Was in dem einen Garten angemessen ist, kann in einem anderen lächerlich wirken. Räume, die man durchwandern kann? Das geht nur in einem großen Garten. Und in diesem großen Garten sieht ein Teich von 60 cm Durchmesser nach »will und kann nicht« aus.

Übrigens: Machen Sie Fotos. Es ist äußerst interessant, nach Jahren sein Erstlingswerk zu betrachten. Und amüsant. Und machen Sie sich Notizen, sie erleichtern später vieles. Es ist unglaublich, wie schnell man Dinge vergisst.

■ Nicht dominant und erdrückend, sondern schlicht wirkt die Sitzgruppe in diesem kleinen Garten. Große, wuchtige Möbel wären hier fehl am Platz.

■ Unterteilung schafft Größe – wie in diesem wunderschönen Beispiel. Die Beschränkung auf nur eine Blütenfarbe unterstützt dies zusätzlich.

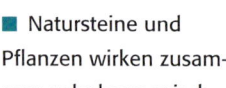
■ Natursteine und Pflanzen wirken zusammen sehr harmonisch.

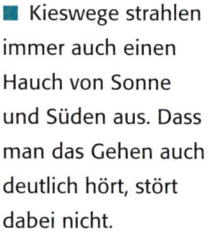
■ Kieswege strahlen immer auch einen Hauch von Sonne und Süden aus. Dass man das Gehen auch deutlich hört, stört dabei nicht.

■ Einfach und natürlich wirkt ein Weg aus grobem Splitt oder Rindenmulch.

Wege und Pfade

Viele Wege führen nach Rom. Und mindestens einer durch den eigenen Garten. Jedenfalls meistens. Es sei denn, Sie betrachten die Rasenfläche als Zugang zu Beeten, Rosenstrauch oder Vogelhäuschen.

Nur wenn Sie nicht tagtäglich Ihre Laufrichtung ändern, wird sich ganz von allein zwar kein Weg, aber ein Trampelpfad bilden.

Warum also nicht gleich einen Weg einplanen? Wo steht geschrieben, dass ich ihn nie verlassen darf? Große Trittsteine sehen nicht nur besser aus als ein platt getretener Rasen. Spätestens bei einem aufgeweichten Boden werden Sie das zu schätzen wissen.

Wege führen in der Regel irgendwo hin. Von der Hintertür zum Sitzplatz – vom Wasseranschluss zum Blumenbeet. Das Ziel muss sich lohnen und darf sich nicht als Fata Morgana entpuppen. Selten wird der Weg das Ziel sein. Wie schade.

Der erste Weg führt meist vom Eingang zur Haustür. Er sollte zum Stil des Hauses passen, farblich und auch im Material. Vor allen Dingen muss er sicher sein. Er darf im Winter nicht zur Schlittschuhbahn werden. Oft ist ein teureres Material auf lange Sicht die preiswerteste Lösung. Im Garten muss ein Weg nicht gleich einen endgültigen Belag haben. Rindenmulch ist eine gute Interimslösung.

Natursteine wirken in Verbindung mit Pflanzen am natürlichsten. Besonders, wenn der Stein aus Ihrer Gegend kommt. Ein Taunusquarzit ist gegebenenfalls angebrachter als ein Marmor aus Italien. In unserem naturbelassenen Garten dürfen sich die Pflanzen ruhig über den Weg ausbreiten. Das wirkt sehr hübsch und ungezwungen. Nicht zulassen wird man es in einem formalen Garten.

Sitzplätze und Terrassen

Sie fehlen in keinem Garten. So unterschiedlich die Menschen sind, so unterschiedlich werden die Wünsche sein.

Die einen möchten die Sonne genießen, andere sitzen lieber im Schatten. Ob man nun die große Familie zur Kuchenschlacht einlädt oder ganz für sich allein den Abend ausklingen lässt – der Platz wird ein anderer sein.

Ruhig und geschützt sollte jeder Platz zum Relaxen sein. Geschützt vor Winden, aber auch vor neugierigen Blicken. Oder möchten Sie Ihr Schnitzel auf dem Präsentierteller verzehren? So wird der Vorgarten für einen intimeren Sitzplatz kaum in Frage kommen. Eine Bank an der Hauswand kann allerdings sehr dekorativ und einladend sein.

Bei der Planung einer Terrasse oder eines Sitzplatzes mit Steinboden sollte man sich gut überlegen, was man möchte. Ein Sonnenanbeter wird sich nur auf der Südseite wohl fühlen. Ein »Spätheimkehrer« wird einen Platz wählen, der noch am Abend heimelig ist, vor einer Mauer, die die Wärme gespeichert hat, von hellen Blüten und Duft umgeben. Ein Essplatz wird kaum neben dem Kompost sein.

Eine Sitzgruppe darf nie den Garten erschlagen. Die Proportionen müssen stimmen. Auch die Gartenmöbel sollten nicht zu dominant sein und mit den Pflanzen harmonieren. Zu einem Garten in ländlicher Umgebung passen stabile Holzmöbel unter einer weinumrankten Pergola einfach besser als futuristische Designerstühle unter einer gestreiften Markise.

Sie möchten sich nicht so festlegen? Und sich je nach Stimmung ein Plätzchen für Ihre Verschnaufpause aussuchen? Der variable Sitzplatz ist oft die schönste Lösung.

■ Töpfe geben dieser noch jungen Terrasse bereits Flair.

■ Ein Mußestündchen unter dem Sonnenschirm oder Pavillon – ganz nach Belieben.

■ Intime Lösung – hier lässt es sich ungestört plaudern.

N

1   1 × Japanische Zierkirsche

2   Hainbuchenhecke

3   Geräteschuppen

4   Kompost

5   Unterpflanzung mit Fleischbeere und Hosta

6   2 × Hortensie 'Annabelle'

7   3 × Kirschlorbeer als Hecke

8   Staudenpflanzung mit Lenzrose, Frauenhaarfarn

9   1 × *Clematis alpina,* an der Hecke rankend

10 1 × Eichblatt-Hortensie 'Snow Flake'

11 2 × Lavendel

12 1 × Clematis 'Königskind' im Kübel

13 1 × Kletterhortensie am Zaun

14 1 × Abelie

15 1 × Bauernjasmin

16 1 × Hibiskus

17 1 × Prunkspiere (*Exochorda* 'The Bride')

18 Spalierobst oder Spindelbusch-Reihe am Zaun

19 1 × Rose 'Rhapsody in Blue' mit Stauden und Zwiebelblumen

20 Rasen

1   5 m

Gartengestaltung

Ein Reihenhausgarten braucht kein langweiliges »Handtuch« zu sein. Es liegt nur an Ihnen, ein Kleinod daraus zu machen. Dieser Vorschlag ist als Anregung gedacht, Ihre Fantasie zu beflügeln und Ihre Planung zu erleichtern.

Ein Reihenhausgarten – ganz individuell

Oft liegt der Garten eines Reihenhauses nach Norden gerichtet. Was zunächst wie ein Nachteil wirkt, kann sich jedoch, bei entsprechender Gestaltung, als Vorteil herausstellen, den es eröffnen sich viele Möglichkeiten.

Dieses Gestaltungsbeispiel ist 6 m breit und 12 m lang und typisch für viele Reihenhausgrundstücke. Wichtig sind bei solchen Maßen eine optische Verkürzung und eine gute Raumunterteilung. Das Auge sieht so nicht alles auf einmal und das Gehirn hakt den Garten nicht als uninteressant ab. Die geöffnete Hecke kann aus je zwei (wintergrünen) Hainbuchen oder aus ebenfalls je zwei (immergrünen) Eiben bestehen. Das ist Geschmacksache. Beide sollten jedoch exakt in Form geschnitten werden. Der Durchgang, groß genug, um mit einer Schubkarre durchzukommen, führt zum Kompost und zu einem kleinen Geräteschuppen. Auch so etwas braucht man. Die Japanische Zierkirsche Prunus serrulata 'Amanogawa' bildet das »Schlusslicht« und den Blickpunkt. Ihr zu Füßen stehen zwei Fleischbeeren (Sarcococca) mit ihrem herrlichen Honigduft im Winter, umrahmt von Schneeglöckchen, und in der Mitte eine Funkie 'Hadspen Blue' mit schönem Blauton in den Blättern. Die Grenze zum Nachbarn wird durch das oft schon im Dezember blühende und duftende Geißblatt 'Winter Beauty' aufgewertet – schließlich soll auch im Winter der Gang zum Kompost seinen Reiz haben.

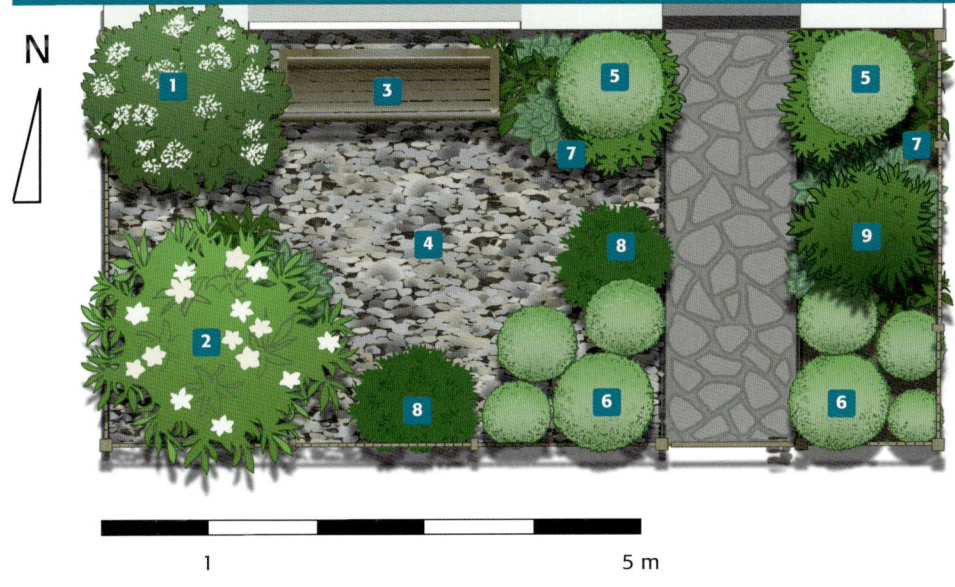

Der Vorgarten in Weiß und Grün

Der Vorgarten ist die Visitenkarte des Hauses. Eine hübsche und individuelle Gestaltung lohnt sich daher. Dieses Beispiel zeigt eine zurückhaltende, formale und edle Bepflanzung. Bei einer Größe von 6 m × 3 m ist wenig mehr. Zwei Buchskugeln auf Hochstamm flankieren die Eingangstür, die jeweils vier Buchsbäume auf dem schmalen und dem breiten Streifen sind akkurat geschnittene Kugeln unterschiedlicher Größe. Die immergrüne Magnolie mit ihren köstlich duftenden Blütenschalen bildet den Höhepunkt, und neben der Orangenblume (Choisya) werden Sie sich auf der Bank in der Sonne wohl fühlen. Zwei Fleischbeeren sorgen für winterlichen Duft, die Strauchpäonie verleiht diesem Garten unvergleichliche Eleganz und Schönheit im Mai.

In beiden Gärten wird das ganze Jahr über etwas blühen, wenn Sie sich nach dem Pflanzplan richten – im Januar weniger, im Juni mehr!

1 1 × Orangenblume (Choisya ternata)
2 1 × Immergrüne Magnolie
3 Bank
4 Kiesfläche
5 2 × Buchskugeln als Hochstämmchen
6 8 × Buchskugeln in unterschiedlichen Größen
7 Christrosen und Schneeglöckchen
8 2 × Fleischbeere (Sarcococca humilis)
9 1 × Strauchpäonie

N

1   5 m

Ein Garten am Doppelhaus – mit intensiven Farben und Düften

Nicht jeder Garten ist zwangsläufig schmal und lang. Die unterschiedlichsten Formen kommen vor. Gärten von Doppelhaushälften haben häufig eine quadratische Form gegeben – so auch dieses Beispiel, das mit 9 × 9 m ein häufig vorkommendes Maß besitzt. In der Sonne wirken die intensiven Farben der Bepflanzung wie Dunkelrot und Goldgelb besonders schön. Doch Vorsicht! Ein Zuviel davon kann leicht erdrückend wirken. Hier heißt es daher umgekehrt: nicht klotzen, sondern kleckern. Hier ist wenig mehr, sogar sehr viel mehr an Wirkung. Also: solche dominanten Töne gezielt und mit Bedacht einsetzen. Dann bilden sie echte »Highlights«. Für den hinteren Teil des Gartens wurde daher besonders die Farbe Weiß eingesetzt, was gleichzeitig für eine größere Ferne sorgt. Ähnlich wirkt auch Blau, wie das der Säckelblume 'Gloire de Versailles'.

Ein Garten mit Rosen sollte immer auch ein Garten mit Duft sein. Ob nun die purpurrote 'Rose de Resht' oder die weiße 'Blanc Double de Coubert', an beider Duft können Sie sich bis in den Herbst hinein erfreuen. Doch nicht nur Rosen duften in diesem Garten: auch die weiß blühende Orangenblume, bei der sogar das Laub duftet, Lavendel, Funkie und Lilien, die direkt unter dem Fenster sitzende Fleischbeere mit ihrem herrlichen Honigduft im Winter – sie alle gehören in die Nähe des Hauses. Im Winter entschädigt Sie das ab Dezember blühende und duftende Geißblatt 'Winter Beauty'.

Die beiden parallel in Bögen verlaufenden Pflanzengruppen lassen den Garten nicht als Ganzes überblicken, aber doch erahnen. Eine lockere Begrenzung, ohne auszusperren. Und gleichzeitig eine Unterteilung in verschiedenen »Räume«. Für den Winteraspekt sorgen Christrosen und Schneeglöckchen.

Über der Pergola treffen sich die drei Hauptfarben der Gestaltung: die dunkelrote Ramblerrose 'Chevy Chase', die weiße, duftende 'Guirlande d'Amour' und die blau blühende Clematis 'Arabella'.

Bei einer Doppelhaushälfte werden Sie einen direkten Nachbarn haben, meist mit Zaun. Ein Geißblatt lässt sich daran entlang ziehen und wird auch kaum zu Problemen mit dem Nachbarn führen. Für etwas mehr Privatsphäre sorgt die Gehölzgruppe davor. Die andere Seite wird einen größeren Abstand haben. Ein etwas anderer Sichtschutz, ohne sich völlig abzuschotten, wären die drei hinter der Gehölz- und Staudengruppe schon von der Gärtnerei als Hochstamm-Spalier gezogenen Wildbirnen. Für diese transparente »Hecke am Stiel« würden sich alternativ auch Zierapfel und Ahorn eignen.

Ihr Garten ist nicht quadratisch, ist kleiner oder größer? Dann wandeln Sie das Konzept einfach entsprechend ab. So erhält Ihr Garten eine ganz persönliche Note. Oder setzen Sie nur einen Teil um, auch das ist möglich. Der Plan soll nur eine Anregung sein und die Qual der Wahl unter den vielen Möglichkeiten erleichtern.

1. 1 × Orangenblume (Choisya ternata)
2. 1 × Glanzmispel (Photinia × fraseri)
3. Je 1 × Pergola mit 2 Kletterrosen
4. 1 × Geißblatt am Zaun
5. 3 × Chinesische Wildbirne (Pyrus calleryana) als Hochstämme am Spalier
6. 2 × Berberitze (Berberis thunbergii)
7. Staudenpflanzung mit Taglilien, Gräsern und Schokoladenblume
8. Je 1 × Ziersträucher (Schneeball, Zierkirsche, Hibiskus)
9. Je 1 × Alte Rose 'Hugh Dickson', 'Rose de Resht' und 'Blanc double de Coubert'
10. Staudenpflanzung mit Funkie und Säckelblume (Ceanothus)
11. Kleines Wasserbecken mit Immergrün
12. Clematis an Mauer und Hauswand
13. Ziersträucher und Kletterpflanzen (Abelie, Fleischbeere, Geißblatt, Clematis)
14. 1 × Buchs
15. 2 ×Lavendel
16. Ziersträucher (Bauernjasmin, Fingerstrauch, Rose)
17. 1 × Zierquitte
18. Rasen

Gartenrenovierung – aus alt mach' neu

So kennt man es häufig: Ein alter Garten wird mit dem Kauf übernommen, meist verwahrlost. Oder der eigene Garten ist über sich hinausgewachsen – oft durch Fehlplanung. Oder die Familiensituation hat sich geändert – die Kinder sind aus dem Haus. Oder man hat einfach einen wirklich schönen Garten gesehen und der eigene Garten gefällt nicht mehr, man ist aus seinem »Paradies« vertrieben. Der Wunsch nach etwas Neuem entsteht.

Die **Zeit als 4. Dimension** ist bei einer Planung so wichtig. Und wird so wenig beachtet. Sonst wären nicht so viele Umgestaltungen nötig. All die großen Tannen in den Vorgärten, gepflanzt als kleines Bäumchen nach Weihnachten! Gärten verändern sich im Laufe der Jahre, das macht ihren Reiz aus, die Pflege aber schwierig. Hinzu kommt, dass man das einmal erschaffene Bild so erhalten will. Wenn das so ist, sollte man sich wirklich lieber ein Bild kaufen.

Mit der Zeit ändern sich auch die **Lichtverhältnisse** im Garten. Die Bäume werden größer, ein anfangs sonniger Bereich ist plötzlich schattig. Nachbars Bäume nehmen inzwischen so viel Licht weg, dass der Rasen nicht mehr gedeiht. Schatten liebende Bodendecker schaffen hier Abhilfe. Oder eine große Tanne direkt an der Grundstücksgrenze wird gefällt. Endlich, denken wir – nur, plötzlich ist der Blick frei, und die Stelle ist viel sonniger. Auch die Nachbargärten muss man mit einbeziehen. Und die Änderungen dort hat man selten in der Hand. Man kann nur darauf reagieren. Ein Grund zum Resignieren ist das nicht.

Eine Lösung gibt es immer

Gehen Sie behutsam vor. Auch Pflanzen sind Lebewesen. Mir hat in unserem Garten längst nicht alles gefallen. Aber die Bäume haben ältere Rechte als ich. Zu Axt und Bagger sollte man nur im Notfall greifen. Ein Rückschnitt allein wirkt schon Wunder. Der allerdings ist Sache von Fachleuten. Ein Baum muss artgerecht geschnitten werden. Eine Zeder muss danach noch aussehen wie eine Zeder und eine Birke wie eine Birke – und nicht amputiert. Alte Bäume lassen sich »aufasten«, das heißt, die unteren Zweige werden entfernt. Das wirkt leichter und lichter. Und macht eine Unterpflanzung möglich.

Alte Obstbäume, aber auch Zierapfel und Zierkirsche lassen sich durch Ramblerrosen aufwerten. Diese »zweite Baumblüte« sieht zauberhaft aus. Nur wenn ein Baum »abgängig« ist, seine Altersgrenze überschritten hat, fast nur noch aus toten Ästen besteht und zur Gefahr wird, dann muss er gefällt werden.

■ Irgendwann kommt auch ein Garten in die Jahre. Kein Grund zum Verzweifeln! Die Lösung erarbeitet man sich am besten Schritt für Schritt.

Auch Akzente wirken Wunder. Eine Pergola, ein Rosenbogen, eine neue Rabatte. Ein immer feuchter Platz muss kein Ärgernis sein. Warum krampfhaft versuchen, ihn trocken zu kriegen? Manch einer wäre froh, solch ideale Bedingungen für seinen Teich mit Sumpfzone gratis zu haben.

Der Garten vorher

Trostlos und leer wirkte dieser Garten vor seiner Umgestaltung. Wenig attraktiv und irgendwie ungeliebt. Die Bäume und Sträucher im Hintergrund sind außer Form geraten. Der Garten wirkt weniger gestaltet als eher wie ein Dickicht, in dem der Sitzplatz einsam und verloren aussieht. Außerdem stimmen die Proportionen nicht: Während der rechte Teil durch die groß gewordenen Gehölze undurchdringlich und düster ausfällt, ist bei der Rasenfläche in der Mitte keinerlei Linie und Struktur mehr zu erkennen. Hier ist auf jeden Fall ein neues Konzept notwendig.

Der Garten nachher

Kaum zu glauben – es ist derselbe Garten, und doch wirkt er ganz anders. Die rechte Seite wurde stark ausgelichtet und einige der inzwischen viel zu großen Sträucher komplett entfernt. Eine Eibenhecke als Umrahmung wurde neu und bewusst locker gepflanzt, um die Einzelsträucher dann in Form zu schneiden. Die Besitzer haben großen Wert auf einen großzügigen Sitzbereich gelegt und ganz auf den Rasen verzichtet, wohl auch, um die Fläche leichter pflegen zu können.

Da der Garten zum Haus hin abschüssig gelegen ist, bot es sich an, diesen scheinbaren Nachteil bewusst in die Gestaltung einzubeziehen. So entstand die zweistufige Terrassenlösung – losgelöst vom Haus, aber mit Blick darauf. Die Einfassung der mit großformatigen Platten versehenen Sitzbereiches ist farblich abgesetzt und in Kleinstein ausgeführt, sodass die Begrenzung klar erkennbar wird. So erscheint dieser Gartenbereich sehr viel strukturierter und klarer. Mit der Zeit wird auch die Bepflanzung der an den Sitzbereich angrenzenden Beetflächen üppiger werden und geschlossen zusammenwachsen. Damit wird der nun sehr großzügige Eindruck des Gartens zusätzlich unterstrichen.

■ Dieser Garten hatte seine besten Zeiten hinter sich, der Wunsch nach etwas Neuem war dementsprechend groß.

■ Derselbe Garten in neuem Gewand. Man erkennt den ursprünglichen Zustand kaum noch. Er ist jetzt zeitgemäßer, wesentlich klarer und übersichtlicher.

Blumenbeete und Rabatten

Das Anlegen ist nicht schwer. Die Schönheit kommt mit der Zeit. Die Form ist nicht entscheidend. Ob ein Beet schmal oder breit ist, rund oder länglich, darauf kommt es nicht an. Wichtig ist die Höhe.

Das klassische Beet ist zweidimensional. Eine Höhenstaffelung fehlt. Auch ein Hochstamm macht aus einem Rosenbeet mit zwanzig 'Bonica '82' noch keine Rabatte.

Eine **Rabatte** ist ein besonderes Beet. Sie wirkt lockerer und vielseitiger. Aus Blüten, Blattformen, Wuchs und Größen der verschiedenen Pflanzengruppen ergibt sich ein harmonisches Gesamtbild. Die unterschiedlichen Höhen spielen dabei eine wesentliche Rolle. Rabatten sind dreidimensional.

Sie lassen sich, in welcher Form und Größe auch immer, als kleinen Garten gestalten. Sozusagen als Garten »en miniature«. Denn vielen unter uns steht vielleicht gar nicht mehr Platz zur Verfügung.

Planen Sie »von oben nach unten«. Fangen Sie mit einem kleinen – ich meine einen klein bleibenden – Baum an. Oder einem großen Strauch. Bei beiden ist es wichtig, dass sie das ganze Jahr über etwas zu bieten haben. Schönes Laub oder auch nur eine attraktive Rinde. Damit haben Sie schon einmal die halbe Miete. Danach kommen kleinere Sträucher und Stauden, auch kurzlebige, an die Reihe. Und, nicht zu vergessen: Zwiebelgewächse. Mit ihnen lässt sich richtig zaubern, von Januar bis Dezember. Denken Sie nur an Schneeglöckchen und Herbstzeitlose.

■ Eine gelungene Rabatte. Stauden in unterschiedlichen Höhen, Wuchsformen und Strukturen sind miteinander kombiniert, die Blütenfarben und -zeiten aufeinander abgestimmt.

Klassisches Beet und Rabatte

Ob klassisches Beet oder Rabatte, Fantasie und Kreativität sind gefordert. Toben Sie sich ruhig aus. Es ist noch kein Meister vom Himmel gefallen. Rabatten wie Beete leben von der Veränderung. Etwas dürfen Sie jedoch nicht vergessen: Keine Pflanze kann über zwölf Monate einen Höhepunkt darstellen. Ihr Stellenwert verändert sich im Laufe des Jahres. Mal ist sie Hauptdarsteller und glanzvoller Mittelpunkt auf der Bühne – wie die Bourbonrose 'Louise Odier' im Hochsommer. Danach hat sie eine Nebenrolle – sie blüht immer wieder, aber nicht so üppig. Schließlich ist sie Statist – hat nur noch Laub und später ihre Zweige. Ein kahler, gut geschnittener Rosenstrauch kann durchaus sehr reizvoll aussehen. Stauden wie das Tränende Herz treten nach der Blüte ganz von der Bühne des Gartens ab, sie ziehen ein. Eine schöne Rabatte hat das ganze Jahr über etwas zu bieten.

Beetformen

Von schlicht bis raffiniert – alles ist möglich. Erlaubt ist, was gefällt. Ohne Wenn und Aber? Nicht ganz. Denn die Proportionen müssen stimmen. Ein winziges Beet in einem großen Garten sieht genauso seltsam aus wie ein riesiges in einem kleinen.

Wenn Sie die Wunschform nach Geschmack und Möglichkeiten festgelegt haben und auch ihren Platz, markieren Sie den vorgesehenen Umriss mit Sand oder dem Gartenschlauch. Und betrachten Sie sich das Ganze auch vom Fenster aus. Jetzt sind Änderungen noch leicht. Spielen Sie ruhig ein bisschen.

Zu den Grenzen oder Mauern hin ansteigende Beete oder Rabatten vermitteln den Eindruck von Weite. Der Garten wirkt dadurch größer, entweder breiter oder länger. Man kann damit sehr viel erreichen. Diese optische Täuschung hat einen weiteren Vorteil: Die Pflanzfläche ist größer, und zwar tatsächlich. Dadurch ergeben sich neue Möglichkeiten, die eine oder andere Pflanze findet noch Platz, auf die man sonst hätte verzichten müssen.

Eine zu jeder Jahreszeit interessant wirkende Rabatte macht Arbeit. Ob viel oder wenig, das hängt von der Gestaltung ab. Erleichtern Sie sich die Arbeit, indem Sie die Beete begehbar machen. Sie müssen bequem an die Pflanzen heran (und wieder zurück) kommen können. Kleine Wege, locker verteilte Trittsteine, ein Bodendecker, der widerstandsfähig ist – und zu Ihrer Sicherheit auch hier und da eine Metallstange, einfach zum Festhalten. Ein ständig platt getretenes Beet ist bestimmt keine Augenweide.

Ein Hochbeet ist ein leichtes Beet. Und zwar in vielerlei Hinsicht. Man kann es für eine bestimmte Pflanzengruppe reservieren, die einen besonderen Boden braucht. Und: Ein Hochbeet ist rückenfreundlich. Und es lässt sich sogar vom Rollstuhl aus genießen und vielleicht sogar bearbeiten. Es muss auch durchaus kein rechteckiger Kasten sein. Viel gefälliger sieht es aus, wenn es sich der Form des Gartens anpasst oder – wenn es ihm durch seine geschwungene Linie zu einer Form verhilft.

■ Für mehrere runde Inselbeete muss die Rasenfläche sehr groß sein.

■ Eine Einfassung der Rabatte mit Steinen erleichtert das Mähen der Rasenkanten ganz wesentlich.

■ Eine sauber geschnittene Buchseinfassung hält ausladendere Stauden in Schach.

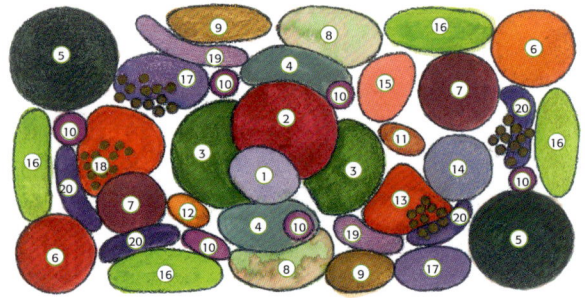

Ein Beet in Rot und Violett – kreativ und gewagt

Dieses Beet zeigt einmal eine etwas andere Farbkombination – mit dem entsprechenden »Wow-Effekt«. Für einen ganzen Garten wäre das ein bisschen zu viel des Guten. Aber als freie Rabatte in einer ruhigen und zurückhaltenden Gestaltung, vor einer immergrünen Hecke, einer schlichten Mauer oder einer Wand werden Sie mit diesen kräftigen und doch harmonierenden Tönen Aufsehen erregen. Die rechteckige Form der Rabatte ist 2,40 m breit und 1,20 m lang. Sie können sich genau nach Plan und Mengen richten, aber auch nach eigener Fantasie das eine oder andere abwandeln.

Der Standort sollte sonnig sein. Nur dort kommen die ausgewählten Pflanzen richtig zur Geltung, und auch nur dort werden sie sich wohlfühlen. Besonders wichtig war bei der Zusammenstellung der Pflanzen, dass auch im Winter wenigstens etwas blüht. Zwar kein »Flower Power« wie im Sommer – aber nicht weniger begrüßt und beachtet.
.

Den Höhepunkt bildet ein Obelisk oder eine Pyramide als Stütze für die Kletterrose 'Naheglut' mit ihren samtig dunkelroten, gefüllten Blüten. Eine perfekte Harmonie mit der dunkelviolettfarbenen Clematis 'Étoile Violette'. Die Lenzrose 'Red Lady' mit ihren rotbläulichen Blüten ab Februar und die Pfingstrose 'Rubra Plena', rot und gefüllt, wurden auch wegen des Laubes gewählt. Dunkelgrün, groß und ledrig das eine, hellgrün, fein und farnartig das der Päonie.

Farbe muss nicht nur von den Blüten kommen, auch das Laub spielt eine Rolle, wie hier bei der Bergenie 'Rotblum' mit ihren ausdrucksstarken Blättern. Auch der Steinbrech 'Wada's Variety' mit seinem Bronzeton auf der Oberseite und dem leuchtenden Purpurrot auf der Unterseite der Blätter ist ein Gewinn für diese Farbkombination. Die roten Beeren der Skimmie verschönern den Herbst. Von ihr sollten ein weiblicher und ein männlicher Strauch gepflanzt werden – zum besseren Fruchtansatz. Für die ersten Frühlingsgefühle werden die kleine Iris, dunkelviolett mit bezauberndem Duft, und der Krokus 'Ruby Giant' sorgen, je nach Witterung und Lage Ihres Gartens noch vor der Lenzrose.

1 1 × Clematis viticella 'Étoile Violette' am Obelisk

2 1 × Kletterrose 'Naheglut'

3 2 × Pfingstrose *Paeonia tenuifolia*

4 2 × Lenzrose 'Red Lady'

5 2 × Skimmie (*Skimmia japonica*)

6 2 × Taglilie

7 2 × Monarde

8 2 × Bergenie 'Rotblum'

9 2 × Steinbrech 'Wada's Variety'

10 6 × Veilchen

11 + **12** 2 × Rote Lilien

13 2 × Kardinals-Salbei (*Salvia fulgens*)

14 1 × Ballonblume (*Platycodon*)

15 1 × Kaisernelke (*Dianthus chinensis*)

16 8 × Frauenhaarfarn

17 2 × Kriech-Glockenblume (*Campanula portenschlagiana*)

18 12 × Krokusse

19 12 × Netz-Iris (*Iris reticulata*)

20 4 × Männertreu (*Lobelia erinus*)

Ganz in Weiß und Grün – einfach zum Nachmachen

Als eine Insel im Rasen oder auch als Mittelpunkt des Vorgartens zwischen Steinen – dieses Beet ist vielseitig verwendbar. Das Thema ist »Weiß«. Genauso gut können Sie aber auch rosafarbene Sorten wählen. Oder Weiß, Rosa und Violett mischen. Erlaubt ist, was gefällt.

Alle verwendeten Pflanzen möchten gerne Sonne haben. Deshalb kommt eine Süd-West-Lage in Frage. Wir haben darauf geachtet, dass zu jeder Jahreszeit etwas blüht. Selbst bei einem so kleinen Beet ist das nicht unmöglich. Und auch der Duft spielt bei dieser Gestaltung eine Rolle.

Durch die dichte Bepflanzung wird sich das Thema Unkraut nicht einstellen. Es hat keinen Platz. Die Randpflanzen dürfen ruhig überhängen. Das gibt ein natürliches Bild. Wem dies zu locker ist, der kann eine niedrige Buchshecke als Begrenzung verwenden. Die beiden Trittsteine sind nicht unbedingt nötig, aber hilfreich. Gepflanzt wird im Herbst, jedenfalls das, was Sie dann bekommen.

Im Übrigen werden Sie mit dieser Bepflanzung nicht viel Arbeit haben. Bei den Narzissen wird nur das Verblühte abgeschnitten, das Laub darf einziehen. Das gibt Kraft für das nächste Jahr. Lavendel wird auch nach der Blüte etwas geschnitten, um buschig zu bleiben. Und wenn Sie den Phlox nach der Blüte zurückschneiden, haben Sie die Chance auf eine zweite. Nur das »Schneewittchen« braucht etwas mehr Fürsorge. Regelmäßig die verwelkten Blüten abschneiden – und Sie werden mit immer neuen bis in den November belohnt.

Viele sind enttäuscht, wenn sie eine solche Neubepflanzung sehen. Ich kann das gut verstehen. Haben Sie etwas Geduld. Die kahlen Stellen werden schon in zwei Jahren nicht mehr zu sehen sein. Im ersten Jahr lassen sich zur Überbrückung einjährige Pflanzen wie Duftsteinrich integrieren. Die ovale Form hat eine Länge von 2 m und in der Mitte eine Breite von 1,50 m. Spielen Sie ruhig ein bisschen mit Länge oder Breite. Auch rund ist möglich.

1 1 × Hochstammrose 'Schneewittchen', ca. 1,40 m

2 1 × Lavendel (*Lavandula angustifolia* 'Nana Alba')

3 1 × Gedenkemein (*Omphalodes verna*), weiß

4 2 × 6 Narzissen, z. B. 'Polar Ice' oder 'Sinopel'

5 1 × Herbst-Anemone (*Anemone japonica*), weiß

6 2 × 20 Schneeglöckchen (*Galanthus nivalis*)

7 2 × Gefleckte Taubnessel (*Lamium maculatum* 'Album')

8 1 × Tränendes Herz (*Dicentra spectabilis* 'Alba')

9 4 × Herbstzeitlose (*Colchicum autumnale* 'Alboplenum')

10 4 × Immergrün (*Vinca minor*), weiß

11 2 × Christrose (*Helleborus niger*)

12 2 × Levkoje (*Matthiola incana*), weiß

13 1 × Stauden-Phlox (*Phlox paniculata*), weiß

1 Die Pflanzen stehen in Warteposition.

2 Markieren Sie sich die richtigen Pflanzstellen gemäß Ihrem Pflanzplan. Noch sind Änderungen möglich.

3 Mit Handschaufel werden die Pflanzen in gleicher Höhe wie vorher im Topf eingepflanzt.

4 Das Werk ist vollbracht. Heben Sie sich die Schildchen auf, oft ist man später für die Art- und Sortennamen dankbar.

Beet neu bepflanzen

Das Pflanzen ist ganz leicht und macht richtig Spaß. Aber nur, wenn der Boden gut vorbereitet ist. Es muss eine Wonne sein, ein Loch zu buddeln. Wer an einem steinharten Boden verzweifelt, ist mit seiner Lust und Kraft schnell am Ende. Und die Pflanzen sind es auch.

Lieber am Anfang etwas mehr Zeit und Mühe investieren. Es zahlt sich aus. Die Bodenvorbereitung gehört dazu (siehe Seite 36 f.). Und wählen Sie nur Pflanzen mit gleichen Standortansprüchen, also Licht-, Klima- und Bodenbedingungen. Sonst macht man sich das Leben nur unnötig schwer. Feuchtigkeitsliebende Pflanzen fühlen sich auf trockenem Boden nicht wohl, und ein Lavendel wird in feuchter Erde nicht glücklich sein. Keine Rose wird im Schatten ihre volle Schönheit erreichen, und kein Farn wird in voller Sonne gedeihen. Außerdem würde auch der Farn nicht zu der Rose passen.

Pflanzen mit den gleichen Ansprüchen ergeben nicht nur ein harmonischeres Bild, sie machen auch das Gärtnern erheblich einfacher. Die Pflanzengruppen sollten miteinander harmonieren. Geben Sie Ihrem Beet am besten ein Motto. Ein Rosenbeet, ein Schattenbeet, ein Beet mit mediterranen Pflanzen oder eines in Rosa- und Mauvetönen.

Schatten muss kein Nachteil sein

Ganz im Gegenteil. Ungeahnte Möglichkeiten können sich auftun. Ich habe erstens einen Nordgarten und zweitens vor kurzem auf dem Frankfurter Hauptfriedhof ein denkmalgeschütztes Patenschaftsgrab übernommen: Mit 40 m² in totalem Schatten. Und einen kleinen Garten daraus gestaltet. Auch mit einem Beet. Zwei Hortensien sorgen für Höhe und Mittelpunkt, zwei immergrüne Fleischbeeren (Sarcococca) für Struktur und Duft (im Winter!), Schneeglöckchen und Narzissen grüßen im Frühling, das Tränende Herz mit seinen weißen, nickenden Herzchen erfreut von Mai bis Juli. Selbst Glockenblumen fühlen sich dort wohl. Und last not least: Farn. Mit ihm können Sie sich austoben. Es gibt ganz entzückende Sorten. Ein harmonisches Ganzes in Weiß und Grün – im Schatten!

Eine Gestaltung in harmonischen Farben ist für die end-gültige Wirkung eines Gartens vielleicht wichtiger, als Sie denken. Auf jeden Fall ist weniger mehr. Selbst ein bunter Bauerngarten sollte nicht kunterbunt sein. Und was harmoniert? Eine rosa blühende Zierkirsche mit einem gelb gestrichenen Haus wohl kaum.

Spiel mit den Farben

Farben und das Spiel mit ihnen machen neben der Raumgestaltung aus einem Allerweltsgarten einen besonders schönen. Farben können zum Werkzeug werden, den Garten kürzer und breiter oder länger und schmaler erscheinen zu lassen.

Einfarbig reicht von den unterschiedlichen Abstufungen einer Farbe bis zu einer Kombination benachbarter Farben wie Rotviolett, Violett, Blauviolett und Blau. Eine solche Zusammenstellung wirkt beruhigend. Dunkle Töne verkleinern, lassen zurücktreten und haben etwas Geheimnisvolles. Bei trübem Wetter verlieren sie sich. Sie »verschwinden« und wirken sich auch auf unsere Stimmung aus.

In der Natur blühen viele Pflanzen weiß, ob Gänseblümchen, Holunder oder unsere Obstbäume. Der natürlichste Garten ist ein weißer. Er erfordert die wenigsten Kompromisse. Will man sich auf nur eine Farbe beschränken, ist es mit Weiß am leichtesten. Weiß hellt auf, macht dunkle Teile sichtbar. Weiße Blüten, von grauem Laub umgeben, wirken strahlend.

Kontraste müssen bewusst eingesetzt werden. Pflanzt man Farben wie Gelb und Violett zusammen, wirken sie noch leuchtender. Während zarte Töne besonders reizvoll bei bewölktem Himmel sind, kommen starke Farben wie reines Rot und lebhaftes Gelb im grellen Sonnenschein zu ihrem Recht. Sie »schreien« direkt um Aufmerksamkeit.

Grüne Töne sind in jedem Garten vorhanden, und zwar in den unterschiedlichsten Nuancen. Schade, dass sie meist keine Rolle spielen. Sie verdienen mehr Aufmerksamkeit. Selbst ein grüner Garten, mit Gräsern, Farnen und der Vielfalt an Blattformen und -farben, hat seine Reize und wirkt ausgesprochen beruhigend auf unsere Augen.

■ Ein harmonisches Beispiel verschiedener Rottöne.

■ Weiß und grün, elegant und wohltuend.

■ Warum nicht einmal bewusst Kontraste setzen?

Gartenpflanzen – vielfältig und so unterschiedlich wie Tag und Nacht

Eines ist ihnen gemeinsam: Es sind Lebewesen, die leben wollen. Was aber die einen zu Hochform erblühen lässt, bringt andere in den Blumenhimmel. Pflanzen wollen und sollten artgerecht leben können. Eine einst kleine Birke, entzückend im Vorgarten, ist keine Birke mehr, wenn ihre obere Hälfte aus Platzmangel abgesägt wird. Woher aber soll man wissen, wie groß etwas wird? Wie viele Pflanzen man für 5 m² braucht? Fünf Birken bestimmt nicht. Das ist oft das Schwierigste, wenn man mit dem Gärtnern beginnt.

■ Vielfältige Pflanzengruppen und Wuchsformen machen einen Garten erst richtig schön.

Deshalb ist es wichtig zu wissen, welcher Gruppe eine Pflanze angehört. Das erleichtert die Gartenplanung, die Beschaffung, das Pflanzen und die Pflege. Auch der Zeitpunkt, wann eine Pflanze zu kaufen ist, hängt von der Gruppe ab. Frühlingsblüher werden in der Regel im Herbst angeboten und müssen dann auch in die Erde. Sommerblumen sind meist erst nach den Eisheiligen verfügbar.

Die unendliche Fülle der Gartenpflanzen ist verwirrend, besonders für den Anfänger. Es ist hilfreich, sich mit den botanischen Begriffen wie »Familie«, »Gattung«, »Art« und »Sorte« vertraut zu machen. Ein Beispiel: Zur Familie der Rosengewächse gehören neben den Rosen auch die Brombeeren. Das zu wissen hilft, sich vorzustellen, wie eine Ramblerrose wächst. Innerhalb der Familie der Rosengewächse sind sich die Pflanzen der Gattung *Rosa* schon sehr ähnlich. Mit der Art geht es aber weiter ins Detail. Die Alba-Rosen beispielsweise, *R. alba* – wenn klar ist, dass es sich um die Gattung *Rosa* handelt, wird abgekürzt »*R.*« –, sind Alte Rosen mit graugrünem Laub, edlen, herrlich duftenden Blüten an einem hohen, robusten, winterharten Strauch. Innerhalb der Art gibt es die Fülle der Sorten. *R. alba* 'Königin von Dänemark' z. B. ist eine Sorte mit dunkelrosa Blüten. Der Sortenname wird immer in einfache Anführungszeichen gesetzt. Mit *R. alba* 'Königin von Dänemark' wissen Sie, was Sie erwarten dürfen: eine wunderschöne Alte Rose.

Weniger ist oft mehr

Jede Pflanzengruppe kann für sich wirken. Am richtigen Standort ist es am leichtesten. Eine Gestaltung mit verschiedenen Gruppen setzt einige Kenntnisse voraus. Es soll gekonnt aussehen, und ein bisschen Stolz ist auch mit im Spiel. Wir Menschen sind zuweilen eigenartig. Das Schwierige, das, was wir besonders päppeln müssen, was mehr Aufmerksamkeit braucht, wächst uns besonders ans Herz. Eigentlich ungerecht gegenüber den Standhaften und Pflegeleichten. Wie schön jedoch, wenn die Mühe belohnt wird.

Die richtige Wahl

Bäume und Sträucher sind verholzende Pflanzen. **Bäume** haben einen ausgeprägten Stamm und eine Krone. Es gibt Laub- und Nadelbäume. Für unsere meist kleinen Gärten sind nur kleine Bäume geeignet. Besser geeignet sind dagegen **Sträucher.** Sie sind erheblich kleiner und bilden von der Basis aus mehrere Triebe. Näheres ab Seite 86.

Rosen sind Ziersträucher, die wegen ihrer Blüten von alters her als »Königin der Blumen« gelten. Aus den ursprünglichen Wildrosen wurden im Lauf der Jahrtausende viele Züchtungen entwickelt. Man unterscheidet im Wesentlichen: Alte Rosen (meist einmalblühend), öfterblühende (moderne) Strauchrosen, Edel- und Beetrosen, Bodendeckerrosen, Kletterrosen und Rambler. Näheres ab Seite 100.

Hecken entstehen durch in eine Reihe gepflanzte Sträucher oder kleine Bäume. Notwendig oft als Abgrenzung oder Unterteilung, hervorragend als Hintergrund. Ob Laub abwerfend (Hainbuche) oder immergrün (Kirschlorbeer, Eibe), entscheidet die Situation. Gut sehen sie nur geschnitten aus. Naturnah wirkt eine freie Blütenhecke. Näheres ab Seite 82.

Kletterpflanzen wollen hoch hinaus. Ihr Wachstum ist höhenbetont. Die einen klettern mithilfe von Haftwurzeln (Efeu), Ranken (Clematis) oder ganzen Trieben (Rosen) – die anderen, indem sie sich nach oben winden. Wie hier die Glyzine auf dem Foto rechts. Die meisten Kletterpflanzen verholzen. Sie können dann einem zarten Kletterer, wie der Clematis, Halt geben. Näheres ab Seite 94.

1 Zwei kleine Bäume umrahmen den Sitzplatz.

2 Riesen oder Zwerge – bei Rosen bleibt kein Wunsch offen.

3 Eine ideale Abgrenzung, und doch nicht abweisend.

4 Glyzinen vor einer alten Mauer – Nostalgie pur.

1 Ein sommerliches Staudenbeet mit der Indianernessel als Abschluss.

2 Was wäre ein Frühlingsgarten ohne Krokus und Schneeglöckchen?

3 Bunt und fröhlich wirken Beete mit Sommerblumen.

4 Gräser werden leider oft unterschätzt – ganz zu Unrecht.

Fünf Lebenskünstler – ohne sie geht es nicht

Stauden sind krautig (verholzen also nicht) und leben länger als zwei Jahre (möchten sie jedenfalls). Ihr Laub zieht in der Regel nach der Blüte ein und treibt im nächsten Jahr neu aus. Es gibt aber auch Stauden, die ihr Laub den Winter über behalten, z.B. die Nieswurz, eine äußerst dankbare Pflanze. Näheres ab Seite 106.

Zwiebeln und Knollen bringen Leben in den Garten. Es sind Stauden, die ihr Überleben durch Speicherung von Nährstoffen in ihren Zwiebeln, Knollen, auch verdickten Wurzelstücken sichern. Wie bei den Stauden zieht das Laub nach der Blüte ein. Sie speichern die Nährstoffe aus dem verwelkenden Laub, das deshalb nicht zu früh entfernt werden darf. Schneeglöckchen und Krokusse sind ganz easy. Näheres ab Seite 128.

Sommerblumen bieten eine wunderbar verschwenderische Blütenfülle in den leuchtendsten Farben. Doch nur einen Sommer lang, dann sterben sie ab und müssen neu aus Samen gezogen werden.

Gräser und Farne fasst man gern in einer Gruppe zusammen. Obwohl sie botanisch nichts miteinander zu tun haben. Gemeinsam haben beide ihren Zierwert als Grünpflanzen. Gräser bilden attraktive Horste, Farne reizvolle Wedel. Beide kommen eher für naturnahe Gestaltungen in Frage, weniger für formale Gärten. Gräser sind ein Gewinn für sonnige, trockene Stellen. Und es wäre schade, würden Farne in einem Schattengarten fehlen. Näheres ab Seite 118.

Bodendeckende Pflanzen wachsen in die Breite. Ihre Aufgabe ist es, den Boden so zu bedecken, dass Unkraut keine Chance hat. Aber auch Lücken zu füllen und Teile zu begrünen, die schwierig zu pflegen sind (Hanglagen). Zur Auswahl stehen »Immergrüne« wie Efeu und Stauden wie Taubnessel und Gedenkemein. Selbst Bodendeckerrosen eignen sich. Und mit einer vom Hang herabwachsenden Ramblerrose sind Sie mit einem Schlag diese Sorgen los. Näheres ab Seite 122.

Pflanzen in Töpfen

können zaubern. Leicht und schnell wird aus einer trostlosen Ecke ein Lichtblick. Als reizvolle »Lückenbüßer« in Rabatten, auf Treppenstufen, als Willkommensgruß zu beiden Seiten des Hauseingangs und natürlich auf Terrasse, Balkon und Fensterbank, kurz dort, wo keine Erde ist, sind sie einfach unschlagbar.

Für Töpfe und andere Gefäße eignen sich eigentlich alle Pflanzen – wenn die Töpfe groß genug sind. Sogar Bäume. Meist nimmt man Gehölze oder Sommerblumen. Seltener Stauden. Obwohl eine Hosta z.B. ideal ist, dekorativ und easy zugleich. Denn sie kann ohne jeglichen Winterschutz draußen bleiben. Sie muss sogar dem Frost ausgesetzt werden, um zur Ruhe zu kommen. Ein Tipp: Da die Hosta im Winter nicht sichtbar ist, können Schneeglöckchen im Vorfrühling ihren Auftritt haben. Die beiden vertragen und ergänzen sich wunderbar.

Die Überwinterung stellt oft das größte Problem dar. Das spricht für Sommerblumen. Sie quittieren im Herbst ihren Dienst, im nächsten Jahr gibt es neue. Südländische Gewächse wie Oleander müssen frostfrei überwintert werden. Pflanzen wie Rhododendron halten ausgepflanzt Minusgrade aus. Wenn im Topf dagegen die Wurzeln erfrieren, ist es zu spät. Auf der anderen Seite lässt sich in Töpfen eine besondere Erde bereitstellen, z.B. die notwendige leicht saure Erde für Rhododendren.

Alle Pflanzgefäße müssen ein Abzugsloch haben. Und eine Kiesschicht, durch die das Wasser ablaufen kann. Staunässe mag keine Pflanze. Und Sonnenkinder schon gar nicht. Pflanzen in Töpfen machen mehr Arbeit als ausgepflanzte. Ich weiß, wovon ich rede – bei über zweihundert Topfpflanzen.

Bepflanzen lässt sich fast alles. Sogar ein Holzschuh oder ein alter Autoreifen. Das ist Geschmacksache. Zum Stil des Gartens sollten natürlich auch die Pflanzgefäße passen. Zu viel Materialmix ist nicht schön. Ob aus Terrakotta oder Holz oder glasiert wie chinesische Gefäße – bleiben Sie möglichst bei einer Art. Weniger ist, wie so oft, mehr. Das gilt auch für Accessoires.

■ Hier ist mit Freude und Liebe ein richtiger Topfgarten entstanden.

■ Weiße Blüten wirken besonders harmonisch in Verbindung mit grauen Pflanzgefäßen.

■ Lebhaft und romantisch erscheint dagegen diese Kombination aus Oleander und Petunien in Rosatönen, die dezenten Töpfe treten gewollt zurück.

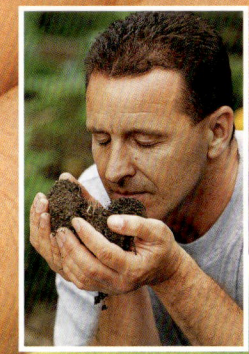

So geht's ganz leicht

Gartengeräte 34

Bodenvorbereitung 36

Einkauf 38

Rasen und Blumenwiese 40

Richtig pflanzen:

Bäume und Sträucher 46

Hecken 48

Rosen und Kletterpflanzen 50

Stauden 52

Zwiebelblumen 54

Sommerblumen 56

Richtig pflegen:

Bodenpflege und Kompost................................ 58

Gießen und Wässern.. 60

Düngen.. 62

Schneiden.. 64

Pflanzen gesund erhalten.................................. 66

Winterschutz 70

Gartengeräte – mit ihnen fängt die Gartenpraxis richtig an

Ohne Geräte geht es im Garten nicht. Das Angebot ist riesig, und man kann ein Vermögen dafür ausgeben. Nur, nötig ist das nicht. Kaufen Sie lieber wenige Geräte, aber gute und stabile. Was nützt ein Spaten, dessen Stiel beim ersten Kraftakt auseinanderbricht? Oder eine Schere ohne wechselbare Klingen, die schnell stumpf wird? Gute Artikel sind auf lange Sicht die preiswerteren. Und sie erleichtern die Gartenarbeit enorm.

Grundausstattung

Als Grundausstattung, um erst einmal loslegen zu können, schlage ich fünf Geräte vor. Sie werden auf jeden Fall gebraucht:

- **Spaten** zum Graben
- **Grabegabel** mit 2 Zinken (»Rosengabel«) zur Bodenbearbeitung innerhalb von Pflanzungen. Leichter zu handhaben als ein Spaten bei stark verfestigten Böden, trotzt Steinen und Wurzeln.
- **Handschaufel** für kleine Löcher
- **Gartenschere** für kleinere Schnittarbeiten, größere werden bei einer Neuanlage noch nicht fällig sein.
- **Gießkanne**
- Außerdem **Handschuhe** zum Schutz Ihrer Hände.

Langsam können Sie dann aufstocken. Die Zeit wird zeigen, was Sie sonst noch brauchen.

Keine Angst, nicht alles auf diesem Bild brauchen Sie gleich zu Beginn:

1. Gießkanne
2. Spaten
3. Grabegabel
4. Mistgabel
5. Rasenkantenschere
6. Heckenschere
7. Schere für Formschnitt
8. Baumsäge
9. Gartenschere
10. Handgabel
11. Handhacke

Zusatzgeräte

Im Lauf der Zeit sind Ehrgeiz und Erfahrungen gewachsen. Das ein oder andere Gartengerät wird erforderlich oder wünschenswert. Wozu sich die Arbeit unnötig schwer machen? Wenn geeignete Geräte sie erleichtern können.

Tatort Garten. Ob Spezialgeräte sinnvoll für Sie sind, entscheiden Sie selbst. Und Ihr Garten. **Rasenmäher** und **Rasenkantenschere** brauchen Sie nur, wenn Sie auch einen Rasen haben. Genauso ist es bei der **Heckenschere**. Wenn nichts hoch hinauswill, ist auch eine **Teleskopschere** unnütz. Um lange Freude an den guten und teuren Geräten zu haben, müssen sie gepflegt werden. Das Schneiden kann mit einer scharfen Schere zum Vergnügen werden. Mit einer stumpfen ist es ein Albtraum.

Sinnvoll ist eine **Leiter,** aber die hat man meist sowieso. Nur: Ist sie stabil genug? Auf eine **Teleskopschere,** wie hier abgebildet, möchte ich z. B. nicht verzichten. Sie ist sehr leicht und stufenweise verstellbar bis auf 3 m. So kann ich mit der Leiter die Glyzinen daran hindern, übers Dach zu wachsen. Eine **Astschere** wird irgendwann auch unentbehrlich sein. Das Beste ist hier gerade gut genug, sie muss enormen Hebelkräften standhalten. Achten Sie darauf, dass Ersatzteile lieferbar sind. Eine kleine, klappbare **Astsäge** kommt zum Einsatz, wenn die Astschere nicht ausreicht. Im Herbst wird ein **Laubrechen** gebraucht. Selbst wenn man kein »eigenes« Laub hat, aus den Nachbargärten kommt es bestimmt. Auch die Gießkanne wird mit der Zeit nicht mehr ausreichen (siehe Seite 58). Gelegentlich werden Sie etwas festbinden müssen. Nehmen Sie keinen Draht, er stranguliert die Pflanzen. Eine **Schnur** aus Jute oder ein Bastband ist besser.

Nicht alles muss man selbst haben. Bei selten gebrauchten Geräten – wie einer sehr langen Leiter, besagter Teleskopschere oder einem Vertikutierer (siehe »Rasen«) – reicht es völlig aus, wenn sie in der Nachbarschaft einmal vorhanden sind. Das spart Geld und Platz. Funktioniert aber nur auf Gegenseitigkeit.

■ Ein Schubkarren ist nur bei großen Gärten erforderlich.

■ Die Teleskopschere – wenn die Arme nicht mehr reichen.

■ Die Rosengabel kommt nicht nur bei Rosen zum Einsatz.

Bodenvorbereitung – das A und O für leichtes Gärtnern

Der Erfolg im Garten hängt in erster Linie vom Boden ab. Deshalb lohnt es sich, ihn so gut wie möglich kennenzulernen und zu verbessern. Ein gesunder, gut durchlüfteter Boden hält die notwendigen Nährstoffe für die Pflanzen bereit.

■ Frischer, lockerer Boden ist ein besonderes Dufterlebnis.

In der Natur sind Boden und Pflanzen ein natürlicher Organismus. Regenwürmer, alle möglichen kleinen Tierchen, Bakterien, Pilze usw. arbeiten ständig an der Verbesserung des Bodens. Solch ein Boden ist warm, locker und hält Wasser und Nährstoffe. Diese oberste Bodenschicht nennt man **Mutterboden.** Je nach Menge der organischen Rückstände enthält sie mehr oder weniger Humus. Von einer **Humusschicht** von 25 cm können wir im Garten meist nur träumen. Diese wertvolle Schicht zu verbessern und bei einem Neubau zu »retten« erspart später viel Arbeit und Kosten. 5 bis 10 cm billigste Gartenerde auf Bauschutt sieht bei der Übergabe gut aus. Nur Freude würden Sie nicht lange daran haben.

Haben Sie einen Garten mit einem alten Rosenbeet übernommen, werden Sie wenig Erfolg haben, wenn Sie an dieselbe Stelle wieder Rosen pflanzen. Die Rosen werden mickern. Der Boden ist der Rosen »müde« und muss erst einmal durch eine Bepflanzung mit anderen Gattungen aufgefrischt werden. Das ist bei Gemüse genauso.

Die Fähigkeit der Pflanzen, Nährstoffe aus dem Boden aufzunehmen, hängt von dessen Säuregehalt, dem **pH-Wert,** ab. Die meisten Gartenböden sind schwach sauer, ihr pH-Wert von ca. 6 ist für die meisten Pflanzen ideal. Auch der Kalkgehalt ist wichtig. Bei viel Kalk im Boden liegt der pH-Wert über 7. Je näher man im Garten dem Naturstandort einer Pflanze kommt, desto weniger wichtig ist der Säuregehalt.

Heinzelmännchen verrichten auch im Garten gute Dienste. Wenn man sie lässt. Wer im Herbst seinen Gartenboden für eine Pflanzung im Frühjahr vorbereitet, tut gut daran, das Laub liegen zu lassen. Oder es sich zu besorgen. Ihr Nachbar ist vielleicht froh, wenn er es loswird. War der Boden vorher gepflegt, brauchen Sie nicht umzugraben. Regenwurm & Co. haben diese Arbeit längst für Sie verrichtet... Auf biologischem Weg ist ein reifer oder »garer« Boden entstanden.

Das ist wichtig

Als Erstes: Frei von Steinen und sonstigen erstaunlichen Dingen, die Sie finden werden, muss der Boden sein – besonders aber frei von ausdauernden Wurzelunkräutern wie Quecke und Giersch. Da Giersch ganz hübsch aussieht, ist man anfangs geneigt, ihn als »geschenkte Staude« freudig zu begrüßen.

Aber Vorsicht! Giersch ist sehr aggressiv und duldet keine anderen Götter neben sich. Mögen sie noch so schön sein. Mit anderen Worten: Die Wurzeln müssen gründlichst entfernt werden.

Ein kompletter **Erdaustausch** ist nur nötig, wenn der »Boden« z. B. nur aus Schutt besteht. Oder man möchte ein Beet anlegen, das eine spezielle Erde erfordert. Ein Moorbeet z. B. – mit Rhododendren und Heidekraut. Dafür braucht man saure Erde (pH-Wert etwa bei 5).

Falls Sie neue Erde brauchen, mischen Sie sie mit Ihrer vorhandenen, gesäuberten. Im Normalfall reicht es aus, den Boden gut zu durchlüften und Humus oder Kompost einzuarbeiten. Eine Düngung mit Humus bildenden Stoffen ist Hilfe zur Selbsthilfe. Achten Sie darauf, dass der wertvolle Mutterboden nicht nach unten und die darunter liegende Gesteinsschicht nicht nach oben kommt.
Verbessern Sie:
- Einen **Sandboden** mit lehmiger Erde und reichlich Humus
- Einen **tonigen Boden** mit Sand und Humus und durch tieferes Umgraben
- Einen **steinigen Boden** mit einer großen Menge Erde und Humus und durch das Aufsammeln größerer Steine
- Einen **»Steinboden«** am besten gar nicht. Pflanzen in Töpfen sind auch sehr schön.

Den Kampf mit dem Giersch unter der Birke hatte ich aufgegeben. Freudig kam er immer wieder ans Tageslicht. Bis ich dekorativen grün-weißen Ziergiersch (Sorte 'Variegatum') dazwischenpflanzte – um meine Giersch-Landschaft aufzuwerten. Erstaunlicherweise zog sich das Unkraut langsam, aber sicher völlig zurück. Es blieb die nichtwuchernde Zierform.

■ Bevor man ein Beet anlegt, wird der Boden eingeebnet.

■ Unkräuter müssen tief ausgestochen werden.

■ Giersch zu entfernen ist ein besonderes Vergnügen – die langen Ausläufer reißen sehr leicht ab.

Einkauf ist die schönste Vorfreude auf den blühenden Garten

Pflanzeneinkauf macht Spaß. So viel Spaß, dass es zur Sucht ausarten kann. Es gibt schlimmere Laster. Warum also nicht? Ein Pflanzensammler und ein Gartenarchitekt sind selten unter einen Hut zu bringen. Nur – ein Konzept sollte dahinterstehen.

Trotz aller Begeisterung – kaufen Sie nicht wahllos. Auswahl soll nicht zur Qual, sondern zur Lust werden. Und lassen Sie sich nicht verwirren, aber ohne botanische Namen auf den Etiketten geht es nicht. Sonst suchen Sie später vergeblich nach Informationen.

Die botanischen Namen sind allerdings sehr gewöhnungsbedürftig. Ich habe anfangs gedacht, das lerne ich nie. Wozu auch? Gibt es nicht deutsche? Ja – aber die können von Gegend zu Gegend unterschiedlich sein. Und niemand kennt ein Geißblatt, wenn Sie sich aus England eine begehrte Sorte mitbringen wollen. Dort heißt es Honeysuckle. Der botanische Name *Lonicera* aber ist international.

Wesentlich leichter wird der Einkauf, wenn man weiß, zu welcher Gruppe eine Pflanze gehört (siehe Seite 28 ff.) und welchen Standort sie benötigt. Denn die **Beschreibung** der einzelnen Sorten ist meist sehr knapp, oft beschränkt sie sich nur auf die Blütenfarbe. Und dann die **Mengen.** Wie viel brauche ich wovon? Das ist nicht leicht zu beantworten. Aus Kostengründen musste ich damals die vorgeschlagene Menge Eiben für meine Hecke halbieren. Zum Glück. Schöner und dichter könnte sie jetzt nicht sein, es war genau die richtige Menge. Nur – nach der Pflanzung sah es schon sehr armselig aus. Und trotzdem raten wir zu diesem Weg. Außerdem gibt es wunderschöne »Lückenbüßer«. Aber dafür muss man wissen, welche Ausmaße eine Pflanze anzunehmen geruht. Damals hatte ich – »großzügig«, wie ich dachte – Schneeglöckchen verteilt. In meinen Aufzeichnungen steht: »3 unter die Birke …«. In der Annahme, sie vermehrten sich rasant, freute ich mich auf einen üppig blühenden Vorfrühlingsgarten.

■ Früh übt sich der Kennerblick. Spaß macht der Pflanzeneinkauf in jedem Fall.

Baumschule oder Gartencenter haben beide ihre Vorzüge. Gartencenter haben ein **breites Angebot**: viele Gattungen, z.B. Rosen, Rhododendren, Clematis usw., aber wenige Sorten innerhalb der Gattungen. Baumschulen dagegen haben meist ein **tiefes Angebot**: wenige Gattungen, z.B. nur Rosen oder nur Rhododendren und Moorbeetpflanzen, dafür eine große Sortenvielfalt. Suchen Sie etwas ganz Spezielles, sind Sie besser in einer Baumschule aufgehoben. Kommt es Ihnen nicht so auf die Sorte an und möchten Sie alles aus einer Hand, ist ein Gartencenter besser.

Vertrauen und selbst überprüfen

Pflanzeneinkauf ist Vertrauenssache. Man kann Schnäppchen machen, aber auch hereinfallen. Wenn von einem Anbieter mehrmals die weißen Narzissen in fröhlichstem Orange erblühen, werde ich es mir das nächste Mal überlegen. Obwohl es gerade bei Blumenzwiebeln schwierig ist. Die Überraschung, auch die böse, lässt Monate auf sich warten. Bei einer »wurzelnackten« Rose kann man immerhin erkennen, ob die Wurzeln gesund aussehen. Drei Triebe sollte sie in der Regel auch aufweisen. Bei Containerpflanzen, selbst wenn sie gesund aussehen, ist ein prüfender Blick auf den Ballen ratsam. Eine Pflanze kann sich nur gut entwickeln, wenn ihre Wurzeln dazu imstande sind. Das sind sie nicht, wenn sie im Topf zu kreisrundem Wachstum gezwungen wurden. Nur – man wird im Handel wenig begeistert sein, wenn Sie alle Pflanzen erst aus den Töpfen nehmen. Was ja zu verstehen ist. Wenn jeder…

Heben Sie sich zumindest die Etiketten Ihrer neuen Schätze gut auf. Noch besser ist es, die Pflanzen mit **Schildchen** zu versehen. Das jedoch ist ein Thema für sich. Was habe ich nicht alles ausprobiert. Vom Regen verwaschen, von der Sonne ausgebleicht, von Amseln verschleppt usw.. Das Einzige, was jeder Verwitterung standhält, und gleichzeitig unauffällig ist, sind (selbst) gehämmerte Alu-Schildchen. Wie zu Gutenbergs Zeiten.

■ Um die Qualität auf einen Blick zu beurteilen, topft man eine Pflanze am besten aus.

■ Ein gesunder Wurzelballen mit reich verzweigten, braunen Wurzeln.

■ Ob Container- oder Ballenware, hängt auch von der Größe ab.

Rasen ist unersetzlich – aber nicht ohne

Durch nichts lässt sich ein Rasen in der Gartengestaltung ersetzen. Jedenfalls nicht für größere Flächen. Er passt zu allen Stilen, ob säuberlich gemäht in einer formalen Anlage oder in einem naturnahen Garten, in dem Gänseblümchen keine Katastrophe sind. Auch der Ganzjahresaspekt lässt sich nicht überbieten. Eine geschlossene Rasenfläche wirkt sich sehr wohltuend auf das Auge aus, selbst im Winter.

Es gibt den berühmten englischen Golfrasen, der mich immer wieder vor Neid erblassen lässt – dessen Pflege aber auch alles andere als einfach ist. Und es gibt einen **Gebrauchsrasen**, den man auch begehen darf, auf dem auch Kinder herumtollen dürfen – er ist wesentlich einfacher, wenn man einige Grundregeln beachtet.

Denn dieses herrliche Grün stellt auch Ansprüche. Der **Standort** sollte sonnig sein. Unter Nadelbäumen wird kein Rasen gedeihen. Als **Boden** ist ein Lehm-Sand-Gemisch ideal. Ein allzeit makelloser Rasen ist pflegeintensiv. Das sollte man wissen. Mit der richtigen Bodenvorbereitung, der für Ihren Zweck optimalen Samenmischung, den geeigneten Geräten und einigen Grundregeln kann man sich die Arbeit sehr erleichtern. Und mit der eigenen Einstellung. Ich kann leicht mit einigen Unkräutern im Rasen leben, solange sie grün sind.

Am Anfang steht die **Bodenvorbereitung.** Sie ist das A und O. Wer hier schludert, macht sich die Arbeit für später unnötig schwer. Der Boden wird gesäubert und ca. 20 cm tief umgegraben. Dabei Unkräuter, Wurzeln, Steine und was sich sonst noch alles findet sorgfältig entfernen. Nun wird die Erde verbessert (siehe Seite 37) und ein Langzeitdünger eingearbeitet. Dann wird die Fläche festgetreten oder festgewalzt. Wichtig ist, dass keine Unebenheiten bleiben. Sie würden später das Rasenmähen erheblich erschweren. So vorbereitet, sollte der Boden zwei Wochen ruhen, um keimende Unkräuter entfernen zu können.

Anfang April, oder Mitte bis Ende April, wenn Sie in einer weniger günstigen Gegend wohnen, kann mit der **Aussaat** begonnen werden. Da das eine Zeit ist, in der im Garten sowieso genug zu tun ist, ist es hilfreich, wenn der Boden

■ Können Sie sich hier etwas Harmonischeres vorstellen als einen grünen Rasen?

schon im Herbst vorbereitet wurde. Man braucht ihn nur noch durchzuharken.

Wählen Sie mit Bedacht die für Sie passende **Rasenmischung.** Nicht irgendeine. Rasenmischungen werden nach ihrem Verwendungszweck angeboten und setzen sich aus verschiedenen Gräsern zusammen. Möchten Sie einen Rasen als Spiel- und Liegefläche, auf dem sich die Familie nach Herzenslust – und zwar ganzjährig – tummeln kann? Dann ist eine strapazierfähige Mischung angesagt. Empfindlicher Luxusrasen ist nur dort angebracht, wo die Grünfläche nur betrachtet – und nur zur Pflege betreten – wird.

Am Tag vor der Einsaat sollte gut gewässert werden. Ein windstiller, trockener Tag mit bedecktem Himmel ist zum Säen ideal. Vom Wind verweht, ist der Samen sonst überall, nur nicht dort, wo man ihn haben will. Für eine gleichmäßige Verteilung säen Sie am besten in breiten Streifen aus beiden Richtungen. Zum Schluss wird der Samen dünn mit Erde bedeckt oder eingeharkt. Damit der Samen gut keimt, heißt es wässern. Und zwar regelmäßig mindestens dreimal täglich fein beregnen. Danken Sie dem Himmel, wenn es regnet.

Rollrasen sorgt für schnelles Grün. Sofort eine gleichmäßige, dichte grüne Fläche. Schnell betretbar, in kurzer Zeit voll belastbar. Zeitsparend, fast ganzjährig einsetzbar. Und Rollrasen verhilft sofort zu einem schöneren Anblick. Vielleicht ist die Geduld nach einer Bauphase ja am Ende und man möchte endlich fertig sein. Mit Rollrasen gelingt das ganz leicht, hat aber seinen Preis.

■ So werden die Rollen geliefert, fix und fertig.

■ Ohne eine gute Bodenvorbereitung geht es auch hier nicht.

1 Unkrautfrei muss der Boden sein. Nur so hat der neue Rasen eine Chance.

2 Gewalzt oder festgetreten, ist der Boden nach zwei Wochen bereit, eingesät zu werden.

3 Möglichst gleichmäßig sollte die Rasenmischung verteilt werden. Wie, steht im Text.

4 Wässern ist nun angesagt. Und Geduld.

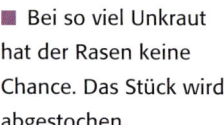

■ Bei so viel Unkraut hat der Rasen keine Chance. Das Stück wird abgestochen.

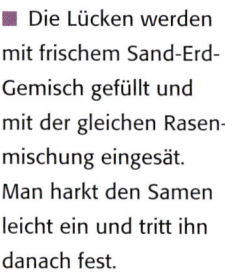

■ Die Lücken werden mit frischem Sand-Erd-Gemisch gefüllt und mit der gleichen Rasen-mischung eingesät. Man harkt den Samen leicht ein und tritt ihn danach fest.

■ Täglich überbrausen, aber keinen Sumpf anlegen.

Die Rasenpflege

Ohne Wässern, Düngen, gelegentliches Ausbessern und regelmäßiges Mähen geht es leider nicht. Es sei denn, man entscheidet sich für einen Kunstrasen. Aber selbst der müsste gefegt werden. Und ob das das Wahre ist? Natürlich auf keinen Fall.

Wassermangel zeigt der Rasen durch einen Blaustich. Dann ist es Zeit zur Beregnung. Bei längerer Trockenheit werden die Gräser braun und trocken. Gewässert wird morgens oder abends bei trübem Wetter. Nie in der Mittagshitze. Eine Faustregel wie »jeden Freitag« macht wenig Sinn. Es kommt auf den Boden an und auf das Wetter.

Ab April braucht Ihr Rasen wieder neue Kraft. Wenn Sie ihn hungern lassen, wird er sich rächen – mit mehr Unkraut, als Ihnen lieb ist. Ein bis zwei Tage nach dem Schnitt ist die beste Zeit zum **Düngen.**

Den Rasen ausbessern wird von Zeit zu Zeit nötig sein. Entweder haben sich hartnäckige Unkräuter allzu breitgemacht, Ameisen ganze Teile zum Absterben gebracht, sich trockene Stellen während des Sommers gebildet oder alle Gäste haben während einer Party immer auf einem Fleck gestanden.

Dann wird der Rasen geflickt. Keine Angst, er sieht nur anfangs wie ein Patchworkteppich aus. Bald werden die Stellen nicht mehr zu sehen sein. Umzugraben braucht man nicht. Ein Nachsäen wie links beschrieben reicht völlig aus. Schneller und leichter kommen Sie allerdings wieder zu einheitlichem Grün, wenn sich von einer weniger sichtbaren Stelle ein passendes Stück abstechen lässt. Es wird einfach in die vorbereitete Kahlstelle eingefügt.

Das **Rasenmähen** geht erheblich leichter, wenn die Fläche ein Mindestmaß an Größe hat. Kleine Teile, durch die kein Rasenmäher passt, sind nur mühselig kurz zu halten. Das geht dann höchstens mit einem Rasenkantenschneider. Oder fast nur noch mit der Nagelschere. Besser wären für so winzige Flächen Kiesel oder Steine. Auch ist es nicht günstig, wenn der Rasen bis ans Haus oder an eine Mauer reicht. Wie wollen Sie mit dem Mäher hinkommen? Und wenn Sie sich einen leisen und umweltfreundlichen Rasenmäher zulegen und sich an Ruhezeiten halten, werden Sie es auch leicht haben – mit den Nachbarn.

Begonnen wird mit dem Mähen im April. Wo Schneeglöckchen oder Krokusse wachsen, sollten diese Stellen beim Mähen ausgespart bleiben, bis das Laub vergilbt ist.

Die **Schnitthöhe** ist abhängig von der Aufgabe des Rasens. Ein Zierrasen ist maximal 3 cm hoch, ein Freizeitrasen darf 4 cm hoch sein. Der Schnitt ist fällig, wenn die Grashalme doppelt so hoch sind. Schneiden Sie nur einen abgetrockneten Rasen. Nach einer Neueinsaat erfolgt der erste Schnitt bei 6 bis 7 cm Höhe. Grasabfall kann man zur Bodenbedeckung und als Kompostmaterial verwenden.

Rasen soll kurz in den **Winter** gehen, und sauber. Laub darf nicht liegen bleiben, es verursacht Fäulnis. Und er sollte nach Möglichkeit wenig betreten werden, denn gefrorene Halme brechen und sterben ab. Mit Grasschnitt kann man mulchen (den Boden dünn bedecken) oder ihn in dünnen Schichten kompostieren.

Aus der Not eine Tugend machen

Selbst der gepflegteste Rasen hat hier und da seine Tücken. Kein Grund zum Verzweifeln. Blumenzwiebeln sind die Retter. Ich hatte es kürzlich leid mit einer Stelle: habe die Grassonde abgehoben, die Erde darunter gelockert, Schneeglöckchen-, Krokus- und kleine Iriszwiebelchen versteckt, frische Erde aufgefüllt, und mit der Grassonde wieder abgedeckt. Die Stelle sah dann danach nicht besser aus, aber ich wusste, warum. Und dann das Frühlingserwachen: Mitten im Rasen ein zauberhafter Tuff.

Zu beachten ist dabei allerdings, dass Sie diese Stelle nicht vor dem Sommer mähen sollten, da die Blumenzwiebeln das welkende Laub als Nahrung für ihren Auftritt im nächsten Jahr brauchen. Aber da die Stelle auch vor der Bepflanzung keine Augenweide war, lassen sich die drei Monate verschmerzen. Vielleicht hilft es Ihnen ja, sich bei dem Anblick auf den Frühling zu freuen. Und sich vorzustellen, was da im Verborgenen schlummert.

■ Ein Handmäher reicht für kleinere Flächen völlig aus.

■ Herbstarbeit beim Rasen: Das Laub darf nicht liegen bleiben.

■ So wird Rasen aufgewertet: wenn sich Krokusse ungestört vermehren dürfen.

■ Sauber abgesto-
chene Rasenkanten
sehen einfach
besser aus.

■ Ein Akkuschneider
eignet sich auch als
Rasenkantenschneider
für unzugängliche
Stellen.

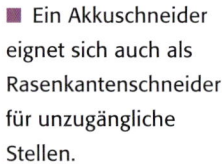

■ Belüftung regt den
Wuchs des Rasens an.
Man nennt das Verti-
kutieren. Verdichteter
Boden kann wieder
atmen, oberflächliche
Unkräuter und Moos
werden entfernt.

Rasenkanten

Jeder Rasen hört irgendwo auf. Eine geeignete Einfassung
spart viel Arbeit. Diese Begrenzung kann sehr gut aussehen;
man kann aber auch an ihr verzweifeln. Doch Sie müssen
das nicht. Ein Rasen, der gut atmen kann, wächst besser und
schöner.

Locker über dem Rasen hängende Stauden oder Sträucher
sehen entzückend aus. Das Mähen kann allerdings zu einem
Albtraum werden.

Mit dem Rasenmäher nimmt man dann nämlich nicht nur
das Gras weg, sondern auch einen Teil dessen, was von den
Stauden und Sträuchern überhängt. Und das sieht dann gar
nicht mehr gut aus. Es sei denn, Sie machen sich die Mühe,
das Überhängende hochzuhalten, damit Sie darunter mähen
können. Das klingt sehr kompliziert, ist es auch ein wenig.
Wenn Sie aber Stauden und Sträucher so weit weg von der
Rasenkante pflanzen, dass kein Überhang entsteht, haben
Sie viel blanke Erde, die wiederum das Unkraut nur so an-
zieht, und dann müssen Sie Unkraut jäten. Fragt sich, was
weniger Arbeit macht. Schöner sehen die überhängenden
Stauden und Sträucher auf jeden Fall aus.

Eine niedrige Buchshecke als Umgrenzung der Beete
könnte Abhilfe schaffen – aber auch sie muss geschnitten
werden.

Die Pflege der **Rasenkanten** erleichtert man sich wesentlich
mit einer Einfassung aus schmalen Platten. Die Pflege der
Rasenkanten kann man sich wesentlich erleichtern, und zwar
mit einer Einfassung aus schmalen Platten. Sie sind eine
ideale Begrenzung zu Beeten und Rabatten, zu Wegrändern
und zu Mauern. Die Platten müssen mit dem Boden gleich
hoch sein, damit der Rasenmäher leicht darüber rollen und
das Gras exakt abschneiden kann. Hohe Kanten erschweren
nur die Arbeit.

Wenn keine Einfassung besteht, müssen Rasenkanten
abgestochen werden. Eine saubere Kante beeinflusst die
Gesamtwirkung eines Rasens erheblich. Er kann noch so gut
gemäht sein, ausgefranste Kanten zerstören das Bild.

Rasen oder Blumenwiese?

Das ist hier die Frage. Ein makelloser Zierrasen ist aufwändig, besonders wenn man schon beim ersten Gänseblümchen nervös wird. Mindestens genauso viel Mühe macht eine Blumenwiese, wenn sie nicht nur eine Bienen-, sondern auch eine Augenweide sein soll. Wie wäre es mit einem Kompromiss?

Gänseblümchen im Rasen dürfen bei mir bleiben. Sie sind nicht aggressiv und sehen allerliebst aus. Und kleinen Kindern macht es Spaß, auch einmal etwas pflücken zu dürfen. Ich nehme es nicht so genau mit dem Rasen. Das erleichtert das Leben ungemein. Der Löwenzahn hat bei mir allerdings keine Chance.

Einen Ersatz für Rasen gibt es nicht. Besser als ein mickernder Rasen im Schatten oder ein schlecht zu mähender an unzugänglichen Stellen, wie an Hängen oder Böschungen, sind allerdings **bodendeckende Pflanzen**. Für den Schatten eignen sich Efeu, das Kleine Immergrün oder auch das dem Vergissmeinnicht ähnliche Gedenkemein für einen feuchten Boden. Die Gold-Fetthenne verträgt dagegen Trockenheit. Wenn eine Ramblerrose anmutig über eine Böschung fällt, erspart das jede weitere Begrünung.

Platt getretenes Gras am Sitzplatz oder unter einer Schaukel braucht Sie nicht zu ärgern. Es gibt **Matten** aus grünem Kunststoff in Gitterform. Sie werden am besten vor der Einsaat verlegt. Das Gras wächst hindurch, von der Matte ist bald nichts mehr zu sehen. **Trittsteine** im Rasen werden ohne Unterlage verlegt. Sie senken sich mit der Zeit von allein.

Ich habe auch gute Erfahrungen mit der Kriech-Brombeere (*Rubus pentalobus*) gemacht. Der dekorative Bodendecker bildet einen ganz flachen, dichten, trittfesten Teppich. Er ist pflegeleicht, winterhart und verliert die Blätter nur bei starken Kahlfrösten. Ein Geheimtipp!

Blumenzwiebeln können den Rasen im Frühling in ein Blütenmeer verwandeln. Wenn Scilla, Krokus, Schneeglöckchen oder Narzissen vom Gehölzrand aus in den Rasen wachsen und verwildern, gibt das ein sehr reizvolles und natürliches Bild. Man kann auch ein kleines Stück Rasen an drei Seiten ausstechen, aufklappen, die Erde darunter lockern, die Zwiebeln hineinstecken, wieder zuklappen und andrücken.

Wo keine intensive Rasenpflege gemacht und nur alle 3 bis 6 Wochen gemäht wird, stellen sich, besonders auf kalkhaltigen Böden, allmählich verträgliche **Wildstauden** mit hübschen Blüten ein. Ganz von allein. Schafgarbe, Hornkraut, Ehrenpreis, Gänseblümchen oder Veilchen sind nur einige. »Ein Veilchen auf der Wiese stand, gebückt in sich und unbekannt. Es war ein herzig's Veilchen.« (Goethe)

■ Wer sich für eine Blumenwiese entscheidet, lebt auf jeden Fall stressfreier – ob nur mit Margeriten oder bunt gemischt, das entscheiden Sie allein.

Bäume und Sträucher pflanzen

Bäume, auch manche Sträucher können ein beachtliches Alter erreichen. Und selbst unseren Enkeln noch Freude bereiten. Bei solch einer Investition in die Zukunft lohnt es sich allemal, gute Startbedingungen zu schaffen.

Die beste Pflanzzeit für Gehölze ist der Herbst. Laubabwerfende Gehölze trennen sich von ihren Blättern jedes Jahr am Ende der Wachstumsperiode. Das ist meist der Herbst, wie beim Flieder. Andere wie die Hainbuche oder auch einige Hortensien halten ihre Blätter oft bis zum Frühjahr fest. Sie alle kommen am besten im Spätherbst in die Erde. Der Boden darf allerdings noch nicht gefroren sein.

■ Das Pflanzloch mindestens so breit graben, wie der Ballen ist, und doppelt so tief.

■ Das Tuch um den Ballen am besten ganz entfernen – oder aufknoten, sonst stranguliert man die Pflanze.

■ Die Zwischenräume mit frischer Erde füllen.

■ Festtreten sichert die Standfestigkeit.

Die Pflanztiefe ist für gutes Anwachsen und Gedeihen sehr wichtig. Nie tiefer setzen, als sie vorher im Topf oder in der Baumschule gepflanzt waren. Ausgenommen bei Container-Rosen. Bei ihnen ist es wichtig, dass die Veredlungsstelle (siehe Seite 51) ca. 5 cm unter die Erde kommt (im Container stehen die Rosen meist zu hoch). Natürlich auch nicht bei Hochstammrosen, da befindet sich die Stelle unter der Krone.

Ein Baum braucht Platz. An der Vorstellungskraft, welche Ausmaße er annehmen kann, fehlt es meist. Deshalb werden Bäume oft viel zu dicht am Haus gepflanzt. Informieren Sie sich, bevor Sie den Spaten ansetzen. Es erspart Ihnen später Verdruss über sehr hohe Stromrechnungen.

Das **Pflanzloch** wird mindestens doppelt so groß ausgehoben wie der Ballen. Ist der Untergrund sehr verfestigt, muss er mit einer Grabegabel gelockert werden. Eine Bodenverbesserung mit Humus, Kompost oder Hornspänen wird Ihr »Hausbaum« sehr zu schätzen wissen. Ein Stützpfahl wird vor dem Pflanzen eingeschlagen. Der Ballen wird zuvor gut gewässert. Sind nur Wurzeln ohne Erde vorhanden, wird der Baum mit dem Wurzelballen einige Stunden lang in Wasser gestellt. Nun kann gepflanzt werden. Suchen Sie sich nach Möglichkeit einen bedeckten, windstillen, regnerischen Tag aus. Zumindest für die Pflanzen ist das besser. Nachdem das verbleibende Pflanzloch so mit Erde aufgefüllt wurde, dass keine Hohlräume entstehen, wird das, was später ein Baum werden will, an der Stütze festgebunden. Festgebunden, nicht stranguliert. Nehmen Sie keinen Draht, sondern ein Material, das nicht einschneidet. Die Stütze soll dem Bäumchen helfen, ein großer, gerader Baum zu werden, und sich nicht als Mordinstrument entpuppen.

Ein Gießrand um den Baum erleichtert das Wässern. Nun wird tüchtig angegossen, auch bei Regenwetter. Nicht mit der Brause, sondern mit einem kräftigen Wasserstrahl. Er sorgt dafür, dass sich keine Hohlräume bilden und Erde die Wurzeln einbettet. Ist das Wasser versickert, »schenken« Sie noch einmal nach, bis der Boden richtig schön gesättigt ist. Bei anhaltend trockenem Wetter auch im Winter das Wässern nicht vergessen. Ist aus dem Bäumchen ein Baum geworden, braucht er keinen »Halt« mehr.

■ Eine Handvoll Knochenmehl kann nicht schaden.

■ Nicht nur beim Pflanzen ist es gut, zu zweit zu sein.

■ Gießen selbst bei Regenwetter nicht vergessen.

Hecken pflanzen

Dicht und schön, gesund und meist auch groß wünschen wir uns eine Hecke. Als Sicht- oder Windschutz, als Unterteilung oder Hintergrund. Oder auch nur als Einfassung. Eine Hecke kann aus unterschied-

lichen Gehölzen bestehen: aus Laub abwerfenden – wie Hainbuche – oder immergrünen – wie Berberitze (Laubgehölz) oder Eibe (Nadelgehölz) – auch mit einem Blütengehölz (z. B. Forsythie) dazwischen.

■ Eine Schnur sorgt für eine gerade Ausrichtung, denn auf das Augenmaß ist nicht immer Verlass.

■ Entlang der Schnur wird entsprechend der Ballengröße ein Graben ausgehoben.

■ Eine Starthilfe in Form von Hornspänen ist zu empfehlen. Sie sollten allerdings nicht direkt an die Wurzeln kommen.

■ Erst unmittelbar vor dem Pflanzen wird der Container entfernt und das Heckengehölz eingepflanzt.

Die erste Überlegung, »Was möchte ich?«, ist damit geklärt. Die zweite, »Wie viele Pflanzen brauche ich davon für meine Hecke?«, ist die Folge davon. Die **Anzahl** ist abhängig von der Art der Pflanze und von der Ballengröße. Natürlich auch vom Preis. Laub abwerfende Heckenpflanzen sind preiswerter in der Anschaffung, immergrüne – mit Ausnahme des Wässerns – pflegeleichter.

Wer schnell eine hohe grüne Wand haben will, muss große Pflanzen mit festem Ballen kaufen. Das ist sehr teuer. Außerdem werden sich durch die zu dichte Bepflanzung später Mängel an den Pflanzen zeigen, beispielsweise Verkahlung durch zu wenig Licht.

Da eine Eibe gut 1 m breit wird, würden für eine 10 m lange Hecke 10 Pflanzen ausreichen. Wenn Sie Geduld haben. Wenn nicht, brauchen Sie für eine schnell geschlossene Hecke mindestens das Doppelte. Für eine niedrigere Einfassung aus Buchs sind für 1 m Länge 5 kleinere Pflanzen nötig.

Die richtige **Pflanzzeit** ist, wie bei Bäumen und Sträuchern auch, der Herbst, in raueren Gegenden auch der Frühling.

Achten Sie beim **Kauf** darauf, dass Sie Pflanzen gleicher Größe, Höhe und Breite bekommen. Und auch der gleichen Sorte. Es gibt preiswerte Heckenpflanzen ohne Erdballen. Sie brauchen allerdings viel Pflege zum Anwachsen und sind alles andere als einfach.

Voller Tatendrang wird nun – je nach Ballengröße – ein 30 bis 40 cm tiefer Graben ausgehoben. Immergrüne werden immer mit Ballen geliefert und gepflanzt. Der Ballen wird vorher in einen Eimer mit Wasser gestellt. Faustregel: mindestens so lange in Minuten, wie der Ballendurchmesser in Zentimetern.

Sind nun die Pflanzen im richtigen Abstand gesetzt, wird mit Erde aufgefüllt. Mit einer Oberschicht aus humusbildenden Stoffen (z. B. Kompost) ist die »Hecke«, die erst eine werden will, optimal versorgt. Mit einem **Schnitt** gleich nach dem Pflanzen wird die Hecke erzogen. Immergrüne dabei mäßig auf eine einheitliche Höhe zurückschneiden, Nadelgehölze überhaupt nicht, Pflanzen ohne Ballen zur Hälfte.

■ Vorsichtig werden die Pflanzen nacheinander in ihr »Bett« gestellt.

■ Festgetreten wird erst, wenn alle Pflanzen im gleichen Abstand stehen.

■ Angießen nicht vergessen, auch nicht bei Regenwetter. Dabei nicht mit Wasser sparen. Die eingeschlämmte Erde füllt letzte Hohlräume.

Rosen pflanzen

Es ist eine stachelige Angelegenheit. Diese Stacheln aber helfen z. B. einer Rambler-rose, hohe Bäume zu erklimmen. Mit festen Handschuhen ist es halb so schlimm. Rosen lieben einen luftigen, freien und sonnigen Standort. Deshalb muss ein Klettergerüst von der Hauswand mindestens 20 cm Abstand haben.

Rosen lieben einen nährstoffreichen Boden. Jeder Garten-boden ist geeignet, wenn er mit Humus angereichert wird, genügend feucht und locker ist (siehe Seite 36). Aber Rosen nie dort pflanzen, wo vorher schon Rosen standen. Solche Böden sind »rosenmüde«.

Sie haben die Wahl zwischen »wurzelnackt« (ohne Erde) und »im Container«. **Wurzelnackte Rosen** können vom Herbst bis zum Frühjahr gepflanzt werden – solange der Boden frostfrei ist. Kann man sie gleich pflanzen, werden sie sofort ausgepackt und für einige Stunden in Wasser gestellt. Ist jedoch der Boden gefroren, müssen sie an einem frost-freien, kühlen Platz, z. B. einer Garage, so lange aufbewahrt werden, bis der Boden wieder zu bepflanzen ist. Graben Sie das Pflanzloch so tief (2 Spaten tief), dass die Wurzeln ohne Verbiegen senkrecht in die Erde kommen. Außerdem ist ganz wichtig, dass die **Veredelungsstelle** (siehe Glossar) 5 cm unter die Erde kommt. Diese sehr empfindliche Stelle muss vor dem Austrocknen und vor Frost geschützt werden. Triebe und Wurzeln werden vor dem Pflanzen etwas gekürzt. **Rosen im Container** können das ganze Jahr über gepflanzt werden, außer bei Frost.

So werden Rosen gepflanzt:

1 Die Wurzeln werden etwas gekürzt.

2 So können sich die Wurzeln vollsaugen.

3 Das Pflanzloch wird so tief ausgehoben, dass die Wurzeln senkrecht darin Platz finden.

4 Die Veredelungsstelle ist tief genug unter der Erde.

Kletterer setzen

Es ist nicht schwieriger als bei anderen Pflanzen auch. Ein ausreichend großes Loch, unten gut mit Hornspänen und oben gut mit Kompost vorbereitet – und hinein damit. Nur: Viele Kletterpflanzen müssen festgebunden werden, und dazu muss man ihre Wuchseigenschaften kennen. Und einige haben Extrawünsche. Und die meisten finden nicht von alleine den Weg nach oben. Hilft man ihnen nicht in die Höhe, werden sie zu Bodendeckern.

Die Auswahl fällt bei dem Riesenangebot nicht schwer. Eigentlich müsste für jeden Geschmack etwas dabei sein. Ob das allerdings für Ihre Lage und Ihren Boden in Frage kommt, muss vorher geklärt werden. Eine Glyzine wird sich im Blumenkasten so wenig wohlfühlen wie eine großblütige Clematis in voller Sonne. Und **ein** Wilder Wein ist genug, es sei denn, Sie besitzen einen Park mit ungeahnten Möglichkeiten.

Kletterpflanzen wollen klettern. Damit sie das können, brauchen die meisten einen »Halt«.
- **Selbstkletternd** sind Wilder Wein, Kletterhortensie und Efeu. Nicht, dass sie von allein senkrecht in die Höhe wachsen. Sie halten sich mit ihren Saugwurzeln an Bäumen, Hauswänden usw. fest.
- **Schlingend** sind Glyzine, Hopfen und Geißblatt. Sie brauchen entweder einen Baum oder ein sehr stabiles Klettergerüst.
- **Rankend** sind Echter Wein und Clematis. Sie sind mit einer Rankhilfe in Form eines Gitters oder auch nur einer Schnur zufrieden.

■ Ohne Topf wird die Pflanze leicht schräg zum Rankgerüst gestellt.

■ Triebe locker festbinden. Verwenden Sie keinen Draht, sondern Bast, Jute oder eine Baumwollkordel.

■ Nun wird Erde aufgefüllt. Die Pflanze festhalten, damit sie ihre Richtung nicht verliert.

Stauden einpflanzen – mit ein bisschen Liebe

Enttäuschungen bei Stauden beruhen fast immer »auf Gegenseitigkeit« (Karl Foerster). Ja, auch die Pflanze kann von uns enttäuscht sein. Man hat ihr nicht ihre Lebensbedingungen erfüllt, hat sie nicht sorgfältig genug gepflanzt, oder ihre Nachbarn nehmen ihr den Atem. Sie erstrahlt nicht in vollem Glanz.

Nein, sie mickert traurig vor sich hin. Rache? Wohl kaum. Sie möchte, kann aber nicht anders. Dabei kann es **so leicht** sein. Damit eine Staudenpflanzung von Frühjahr bis Herbst eine Augenweide und pflegeleicht ist, sollte sie gut geplant und genauso gut vorbereitet werden.

■ Auf Nummer sicher: Stauden blühend gekauft – und man weiß, dass die Farbe passt.

In der Natur sind Stauden oft in Gesellschaft mit Bäumen oder Sträuchern anzutreffen. Ein Vorbild für uns. Größere Stauden wie Pfingstrosen, Rittersporn oder Phlox, auch größere Gräser wie das Chinaschilf bringen Höhe in die Pflanzung. Man nennt sie »**Leitstauden**«. Sie werden zuerst ausgewählt. Danach sucht man sich die kleineren Stauden aus. Früh blühende, wie das Tränende Herz, werden mehr in den Hintergrund gesetzt, und später blühende davor. Es fällt dann nicht so auf, wenn die früh blühenden ihren Höhepunkt überschritten haben. Kleinere Sommer- und Herbststauden gehören in den Vordergrund. Tuffs von Schneeglöckchen, Krokussen oder Traubenhyazinthen sorgen dafür, dass es hier auch im Frühling blüht. Und deren einziehendes, welkes Laub wird dann durch die Stauden kaschiert.

Eine lockere Anordnung von hohen, mittelhohen und niedrigen Stauden ergibt ein ausgewogenes Bild. Wählen Sie nur Stauden, die die gleichen Ansprüche an Boden und Standort haben. Das erleichtert die Pflege ungemein. Ein Schatten liebender Farn und ein »sonniges« Gras werden nie glücklich miteinander werden. Es ist schön, wenn Stauden, die zur gleichen Zeit blühen, farblich harmonieren. Zumindest sollten sie sich nicht »beißen«.

Der **Pflanzabstand** hängt von den ausgewählten Arten ab. Für 1 m² sind 3–4 höhere Stauden ausreichend, 6–9 niedrigere, und von den ganz kleinen dürfen es auch 10–15 sein. Obwohl man kaum eine größere Fläche in einer Rabatte mit kleineren Stauden füllen wird. Es sei denn, man setzt sie großflächig als Bodendecker ein. Pflanzen Sie nicht zu dicht. Leere Stellen lassen sich mit Sommerblumen füllen.

Wann wird gepflanzt? Das hängt von den Pflanzen ab. Nur, mit dieser Antwort werden Sie wenig anfangen können. Als Faustregel gilt: nach ihrer Blütezeit – in ihrer Ruhephase. Also Frühjahrsblüher noch im Frühling oder Frühsommer, Sommerblüher im Herbst und Herbstblüher auch noch im Vorfrühling. Wenn Sie zur Blütezeit pflanzen möchten: Es gibt Stauden in Containern. Sie sind zwar teurer, aber man kauft keine »Katze im Sack«.

Bereiten Sie Ihren Stauden ein weiches Bett. Ein tief gelockerter Boden (25–50 cm, je nach Höhe der Pflanze), ohne Unkraut, mit Humus angereichert, ist die Grundvoraussetzung für üppiges Blühen. Legen Sie die Pflanzen auf die vorgesehenen Stellen. Und versuchen Sie, sich die spätere Wirkung vorzustellen. Jetzt lassen sie sich noch wie Schachfiguren hin und her schieben. Sind Sie mit Ihrem Werk zufrieden, wird gepflanzt. In der so gut vorbereiteten Erde müsste das ein Vergnügen sein. Engländer, berühmt für prachtvolle Stauden, haben ein einfaches Erfolgsrezept: »A penny for a plant and a pound for the hole.«

Einfach ist es nicht, eine wirkungsvolle Staudenpflanzung zu gestalten. Sie werden etwas üben müssen. Aber auch das Üben kann und sollte Freude machen.

Betrachten Sie es als Spiel: Als hätten Sie eine große Palette und viele Farben vor sich. Sie haben es besser als der Maler, Sie können (und müssen!) auch die Höhe einsetzen. Nach und nach werden Sie Ihrem Ziel näher kommen. Schließlich ist noch kein Meister vom Himmel gefallen.

1 Mit der Handschaufel gräbt man das Pflanzloch.

2 Langzeitdünger sorgen für gutes Gedeihen.

3 Beim Einsetzen die Staude etwas höher halten. Mit Erde auffüllen, andrücken.

4 Das Angießen nicht vergessen …

■ Zwiebeln mit fleischigen Schuppen.

■ Knollen sehen meist nicht sehr vertrauenerweckend aus.

■ Rhizome wachsen unterirdisch oder flach auf der Erde.

Zwiebelblumen pflanzen

Im Herbst den Frühling vorbereiten. Schon die Vorfreude darauf lässt die Wintertage weniger grau erscheinen. Wo können Sie nicht überall für »Lichtblicke« sorgen. Ob unter Bäumen und Sträuchern, zwischen Stauden, verwildert im Rasen oder in Balkonkästen – überall sind diese kleinen Schätze entzückend.

Achten Sie beim Kauf auf gesunde Zwiebeln. Fest und schwer müssen sie sein, unbeschädigt, ohne Flecken und weiche Stellen. Wenn Sie bei einer Sorte die Wahl zwischen großen und kleinen Zwiebeln haben, nehmen Sie die großen. Eine Schneeglöckchenzwiebel von 1 cm Durchmesser wird schon im nächsten Winter blühen. Bei einer kleineren müssen Sie länger warten. Apropos Schneeglöckchen: von Züchtern werden sie nach der Blüte mit welkem Laub verschickt. Gleich gepflanzt, haben sie so die besten Chancen. Wenn Sie jahrelang keinen Erfolg mit den im Herbst angebotenen Zwiebeln hatten (so wie ich), versuchen Sie es im Frühjahr mit Schneeglöckchen »in the green«. Sie werden staunen über den Unterschied.

Kaufen kann man Blumenzwiebeln dann, wenn man sie auch pflanzen kann. Bei einer Lieferung hat schon mancher gedacht – auch ich –, die haben wohl vergessen, die Zwiebeln hineinzutun. Bevor Sie reklamieren, schauen Sie genau nach. Längst nicht alles, was unter dem Oberbegriff »Zwiebel« läuft, sieht auch wie eine solche aus. Anemonen z.B. sind unförmige, kleine, dunkelbraune Gebilde – Erdklümpchen nicht unähnlich.

Die jeweilige Pflanzzeit ist:

- ■ Im Hochsommer: für Herbstblüher wie Herbstzeitlose, Herbstkrokus
- ■ Im August/September: für Narzissen und Krokusse.
- ■ Im Herbst: für sonstige Frühlingsblüher.

Je früher die Zwiebeln in die Erde kommen, desto früher kommen die Blüten raus.

Pflanzen Sie Blumenzwiebeln nicht in Reih und Glied wie Zinnsoldaten. Das wirkt sehr unnatürlich. Wenn es wie zufällig wirken soll, werfen Sie die Zwiebeln in die Luft – und pflanzen Sie sie dort, wo sie hingefallen sind. Für eine naturnahe Gestaltung ist das am schönsten. Oder in ungeradzahligen Tuffs, z. B. 7 Narzissen.

Gepflanzt wird drei mal so tief, wie die Zwiebel hoch ist. Eine Narzissenzwiebel von 5 cm in ein 15 cm tiefes Loch. Und richtig herum, d. h. mit den Würzelchen nach unten. Das ist bei Knollen gar nicht so einfach.

Eine Ausnahme bildet die Madonnen-Lilie *(Lilium candidum)*. Als einzige Art stammt sie aus dem Orient und verträgt auch leichten Schatten. Im Gegensatz zur Königs-Lilie *(Lilium regale)*, die sich nur in voller Sonne wohl fühlt. Die weißlich-gelben, sehr großen Zwiebeln müssen im August gepflanzt werden. Als einzige Lilie wird sie nur mit 3 cm Erde bedeckt. Die Madonnen-Lilie treibt noch im selben Herbst aus, der dekorative Blattschopf überwintert. Sie blüht im nächsten Sommer.

Verwildern lassen

Am natürlichsten wirkt es, wenn die Pflanzen »verwildern«. Winterling und Blaustern vermehren sich rasant, da sie sich fleißig aussäen. Schön, wenn sie das dürfen. Schneeglöckchen dagegen verhalten sich sittsamer. Sie passen besser in eine Staudenrabatte.

Zwiebelpflanzen brauchen ihr verwelkendes Laub zur Ernährung ihrer Zwiebel. Um wieder Kraft zu schöpfen für eine schöne Blüte im nächsten Jahr. Entfernen Sie das Laub erst, wenn es sich leicht mit den Händen abnehmen lässt. Bis dahin kann man es mit anderen Pflanzen kaschieren.

■ Gepflanzt werden kann mit einem Blumenzwiebel-Pflanzer oder einer Handschaufel.

■ In das Pflanzloch wird Langzeitdünger eingearbeitet. Bei schwerem Boden auch Sand.

■ Gut mit Erde bedecken. Anzugießen braucht man nicht.

Sommerblumen anziehen

Es ist kinderleicht, aber die Frage ist, ob es sich lohnt. Natürlich geht es schneller, die fertigen Pflanzen zu kaufen. Aber es macht Spaß, die Blumen selbst zu säen und ihnen beim Wachsen zuzusehen. Das Erfolgserlebnis ist vorprogrammiert. So etwas soll ja von Zeit zu Zeit guttun. Auch entwickelt man ein innigeres Verhältnis zu »seinen« Pflanzen.

Ein Samenkorn steckt voller Leben. Das ist schon ein Wunder, wenn man bedenkt, wie winzig so ein Körnchen manchmal ist – und doch schon die ganze Anlage der Pflanze enthält. Bei Liliensamen beispielsweise lässt sich der Keim mit bloßem Auge erkennen. Hält man die dünnen, braunen Plättchen gegen das Licht, sieht man ein schwarzes »Komma«. Fehlt es, ist der Samen nicht keimfähig.

Zur **Keimung** ist Wasser notwendig. Wenn der Samen auf feuchte Erde gelegt wird, kommt Luft, und in den meisten Fällen Wärme und Licht, hinzu. Durch das Aufquellen wird die Samenschale gesprengt. Dahinter steht eine erstaunliche Kraft. Nur so wird verständlich, dass aus Mauerritzen oder sogar Asphalt Blumen sprießen. Zuerst erscheinen die Keimblättchen. Sie biegen sich auseinander, der Stängel mit dem ersten Blattpaar erscheint. Nun geht es aufwärts. Keine Sorge: Die Keimblätter fallen nach getaner Arbeit ab. Die »echten« Blättchen übernehmen das Atmen.

Farbenfroh und vielseitig ist die Schar der Sommerblumen. Das sind einjährige Pflanzen wie Kosmeen oder zweijährige wie Stiefmütterchen oder Vergissmeinnicht. Um sich an einem bunten Blütenteppich zu erfreuen, braucht man größere Mengen. Das macht die eigene Anzucht sinnvoll, spart Geld und macht Spaß.

■ **Einjährige** werden im Frühling direkt an Ort und Stelle ins Freie gesät oder im Winter vorgezogen, z. B. auf der Fensterbank. Sie blühen bis in den Herbst hinein und sterben dann ab. Das muss in südlichen Gefilden jedoch nicht sein. Dort können sich Einjährige wie Stauden verhalten und jedes Jahr neu austreiben. Es kommt auf die Pflanze und das Klima an.

■ **Zweijährige** sät man im April/Mai, spätestens im Juli. Sie überwintern als grünes Pflänzchen und blühen im kommenden Jahr. Wenn ihnen ihr Standort behagt, samen sie sich fleißig selbst aus und sind eigentlich immer da. Gerade sie werden gern selbst vermehrt. Es ist das bisschen Mühe wert.

■ Das sieht wirklich nicht nach Schwerarbeit aus. Und der Erfolg hat sich auch schon eingestellt, wie man an den Keimlingen sieht.

Jetzt wird es praktisch. Genug der Botanik und Theorie. Sie machen aber vieles leichter verständlich. Viele einjährige Sommerblumen kann man direkt dort aussäen, wo sie später wachsen sollen. Die Zeit dafür ist meist, wenn die letzten Fröste vorbei sind, bei der Kosmee April/Mai. Seien Sie großzügig mit dem Samen, Sommerblumen wirken nur in Gruppen. Kleckern ist hier nicht angebracht. Da Kosmeen sehr hoch werden, sollten sie gleich in den Hintergrund gesät werden. Das spart später das Umsetzen. Mit einer dünnen Schicht Erde bedeckt und feucht gehalten, können sie schon in einer Woche keimen.

Um kräftige Pflanzen zu bekommen, werden sie später auseinandergesetzt. Man nennt das »Vereinzeln« oder »Pikieren«. Möchten Sie, dass es früher blüht, ziehen Sie die Pflänzchen auf der Fensterbank 6–8 Wochen vorher an.

Nun gibt es aber auch Sommerblumen, die man besser schon im Herbst an Ort und Stelle aussät. Sie werden etwas tiefer als im Frühjahr in die Erde gebracht und mit Zweigen locker abgedeckt. Diese Behandlung mögen zum Beispiel der Sommer-Rittersporn (Consolida ajacis), der Schwarzkümmel (Nigella) und einjährige Mohnarten (Papaver).

Die Selbstläufer

Das sind die Einjährigen, die eigentlich immer da sind, und das ohne jegliches Dazutun. Sie säen sich selbst aus, überall und recht munter. Die kleinen Pflänzchen nehmen es zwar nicht so genau, sie sind nicht immer »treu«. Aber oft entstehen sehr reizvolle Exemplare. Diese Art der Vermehrung ist mir bei den Sommerblumen die liebste. Die Sämlinge haben die erstaunliche Fähigkeit, sich an Stellen anzusiedeln, auf die ich nicht gekommen wäre. Fingerhüte (Digitalis) sind darin Meister. Und wo sie mir dann nicht gefallen: ein Handgriff …

Einjährige Kletterpflanzen, wie zum Beispiel die Glockenrebe (Cobea scandens), lassen sich auch durch Stecklinge vermehren. Und zwar im Hochsommer. Allerdings müssen sie hell und frostfrei überwintert werden. Sie blühen früher, werden aber nicht ganz so stattlich wie die Sämlingspflanzen. Alles kann man halt nicht haben.

1 »Säen ist nicht so beschwerlich wie ernten.« Goethe hat Recht. Die Samen werden, nicht zu dicht, in einen flachen Kasten mit Anzuchterde gestreut.

2 Winziger Samen braucht nicht mit Erde bedeckt zu werden. Fein überbrausen.

3 Hurra! Die Pflänzchen sind da. Die Abdeckung wird entfernt. Sie müssen sich langsam an die raue Wirklichkeit gewöhnen.

4 Nun sind sie groß genug, um in kleine Töpfchen mit Blumenerde gesetzt zu werden. Erst wenn diese durchwurzelt sind, darf ausgepflanzt werden.

Gartenpflege fängt beim Boden an

TIPP

Schonend lockern lässt sich der Boden mit einem Kultivator. Die kleinen Pfeilspitzen an den Zinken durchpflügen die Erde ohne größeren Kraftaufwand und verhindern Verkrustung und Klumpenbildung. In bereits bepflanzten Beeten ist der Sauzahn ideal, der nur einen Zinken besitzt.

Ein guter Boden bildet die Grundlage für einen gesunden, üppig blühenden Garten. Auch er will gepflegt sein, und dafür kann man als Gärtner einiges tun.

Ideal für alle Gartenpflanzen ist lockere, krümelige Erde. Darin können nicht nur Jungpflanzen gut wachsen. Wasser und Nährstoffe sind dann in einem gesunden Gleichgewicht und stehen den Wurzeln zur Verfügung. Jeder Gärtner versucht daher, diese Bodenstruktur zu erhalten. Man erreicht das durch schonende Bodenbearbeitung und durch ein Bedecken des Bodens, denn offener, also unbedeckter Boden trocknet aus, verkrustet und verklumpt.

Mulchen nennt man das Abdecken des Bodens mit natürlichem Material. Im Garten ist es eigentlich immer zur Hand: Ob Rasenschnitt, gehäckselte Schnittabfälle oder Herbstlaub. Auch gekaufter Rindenmulch oder Stroh eignen sich. Das Mulchmaterial wird einfach mit den Händen auf den Beeten zwischen den Pflanzen verteilt. Und zwar während der Wachstumszeit und im Herbst. Im Frühjahr sollte man den Boden eher offen halten, er erwärmt sich dann schneller, die jungen Triebe wachsen rascher. Auf den gemulchten Flächen bleibt der Boden feucht, geschützt und schön locker. Günstiger Nebeneffekt: Unkräuter werden unterdrückt.

■ Das Mulchmaterial verteilt man im Frühjahr oder Herbst mit den Händen auf den Pflanzflächen.

■ Geräte wie dieser Kultivator lockern mit wenigen Handgriffen verkrustete Erde.

Kompost – das Gold des Gärtners

Auch mit Kompost lässt sich »mulchen«. Bei dieser »**Flächen-kompostierung**« geht es allerdings nicht nur um die Boden-abdeckung, sondern der Kompost zersetzt sich und führt dem Boden dabei wertvolle Nährstoffe und Spurenelemente zu. Auch der Mulch wird mit der Zeit abgebaut, doch dauert dies wesentlich länger.

Kompost ist das Gold des Gärtners. Viele schwören darauf. Was hat es mit dem geheimnisvollen Bio-Stoff auf sich? Tatsächlich verbessern regelmäßige Kompostgaben nicht nur den Boden durch die Humuszufuhr, sie wirken auch pflanzenstärkend, weil damit unzählige Mikroorganismen zu-geführt werden. Diese stabilisieren das lebendige Gleichge-wicht im Boden und stärken dadurch auch die Pflanzen, die robuster und weniger krankheitsanfällig werden.

Wie legt man einen Komposthaufen richtig an? Zunächst suchen Sie sich einen geeigneten Platz dafür. Er sollte halb-schattig oder schattig sein und nicht gerade direkt im Blick-feld der Terrasse liegen. Nach dem Aufstellen der Miete – so nennt man die zerlegbaren Behälter aus Holz, Kunststoff oder Metall – wird der Haufen aufgebaut. Zuunterst kommt eine Lage grober Gehölzschnitt oder Reisig, dann etwas Gartenerde als »Impfstoff«, und nun Schicht um Schicht das zu kompostierende Material. Aufgebaut wird ein Kompost-haufen am besten im Frühjahr. Wichtig: den Haufen nicht austrocknen lassen, sondern ab und an gießen.

Was darf alles auf den Kompost?
- Alle Pflanzenreste aus dem Garten, ob Zweige vom Aus-lichten, welke Rosenblüten, abgeschnittene Staudentriebe oder Erd- und Pflanzenreste vom Umtopfen.
- Rasenschnitt kann ebenfalls kompostiert werden – aller-dings nur in dünnen Lagen, sonst verklebt und fault er.
- Alle Grünabfälle aus der Küche, also Reste von Obst, Gemüse und Kräuter.
- Keine gekochten Speisereste – sie locken gerne Ratten an.

Je nach Ausgangsmaterial und Witterung entsteht nach drei bis neun Monaten reifer, krümeliger, gut riechender Kom-post – reif zum Ausbringen in den Garten.

■ Schnellkomposter sind besonders einfach zu handhaben.

■ Perfekt geschichtet: oben frische Garten-abfälle, unten fertiger Kompost.

■ Der reife Kompost wird locker zwischen den Pflanzen verteilt.

Gießen und Wässern müssen sein

Der Segen kommt nicht immer von oben. Aber das kann doch nicht so schwer sein! Wieso also extra darüber schreiben? Selten jedoch gibt es so viele Fragen wie beim Gießen. Warum? Wann? Wie viel? Wie oft? Womit? Wieso Töpfe auch bei Regen gießen?…

Wasser braucht jede Pflanze. Es ist ihr Lebenselixier – füllt die Zellen und löst Nährstoffe aus dem Boden. Für anspruchsvolle Gartenpflanzen reichen natürliche Niederschläge oft nicht aus. Sie welken. Aber nicht jede Pflanze braucht gleich viel. Ein Lavendel mit schmalen, derben Blättern braucht wenig, die groß- und dünnblättrigen Hortensien viel – ebenso alle neu gesetzten Pflanzen oder die im Regenschatten stehen, dicht an einer Mauer (sie entzieht dem Boden Feuchtigkeit), Wurzelkonkurrenz oder starkem Wind ausgesetzt sind. Der **Wasserverbrauch** variiert auch im Jahresverlauf. Während ihrer Ruhezeit ist eine Pflanze genügsam.

1 m² Garten braucht pro Jahr ca. 300 bis 500 Liter Wasser zusätzlich. Woher nehmen? Das Beste ist immer Regenwasser. Aber besser Leitungswasser als gar keines! Und immer abgestandenes, nicht zu kaltes Wasser – aber kein destilliertes. Die Brause, bei einem Schlauch fein eingestellt und in hohem Bogen verteilt, bewahrt die Pflanzen vor einem Kälteschock.

Weicher bekommt man Wasser, wenn man 2 bis 3 Torfquelltöpfchen (»Jiffy Pots«) einen Tag lang in eine Gießkanne mit Wasser (8 bis 10 l) legt. Man lässt sie drin und füllt wieder mit Wasser auf. Es ergibt ein »Fast-Regenwasser«.

Nie in praller Mittagshitze gießen. Besser ist vormittags oder abends. Beregnen am Abend spart Wasser. Eine Regel wie »jeden Freitag« gibt es nicht, dazu sind die Bedürfnisse zu unterschiedlich. Und wenn es heißt »drei Kannen Wasser angießen und dann jede Woche«, dürfen natürlich nicht jede Woche wieder drei Kannen gegossen werden.

Den **Schlauch** an jede Pflanze halten und bis zehn zählen ist für die eine zu wenig, für die andere zu viel. Nie nur ein bisschen gießen. Das ist Wasservergeudung und schadet den Pflanzen mehr, als es nützt. Die Wurzeln kommen nach oben, um etwas von dem wenigen Nass abzubekommen, und vertrocknen in kurzer Zeit. Richtig ist: reichlich, in größe-

■ Die Beregnung des Rasens kann im Sommer sinnvoll sein, bei einer Neueinsaat ist sie notwendig. Für die Blumenbeete sind andere Methoden besser.

ren Abständen und zu günstigen Tageszeiten zu gießen. Das Wasser sollte 20 cm tief eindringen können. Das entspricht einer Menge von 20 l pro m². Übrigens: Selbst im November, wenn er so trocken ist wie 2011, kann es erforderlich sein, Bäume und Sträucher zu wässern.

Pflanzen in Töpfen brauchen besondere Aufmerksamkeit. Die meisten von ihnen vertrocknen bei Regenwetter. Kurioserweise. Besonders bei kompakten Pflanzen, wie dem Buchs, fließt das Wasser förmlich ab. Es kommt gar nicht bis an die Wurzeln. Zur Abhilfe sollten Sie vorbeugend ab und zu die meist moosbedeckte Oberfläche lockern und Ihre Lieblinge gut im Auge behalten.

So leicht wie möglich sollte das Wässern sein. Für Einzelpflanzen und kleine Gartenteile ist die **Gießkanne** unschlagbar. Obwohl ich wunderschöne Kannen aus Metall habe, greife ich immer zu den einfachen aus Plastik. Sie sind leichter. Allein 10 l Wasser wiegen 10 kg. Und das treppauf, treppab.

Ohne einen **Gartenschlauch** wird es in den meisten Fällen nicht gehen. Mindestens einen Wasseranschluss brauchen Sie am Haus. Besser sind zwei. Es ist sehr mühsam und alles andere als einfach, einen schweren Gartenschlauch hinter sich herzuziehen. Besonders wenn er ständig knickt und in Kurven Pflanzen absäbelt. Sogenannte Schlauchpoller sind nur ein schwacher Trost.

Ein Tipp! Es gibt inzwischen leichte Spiralschläuche, die sich ganz von allein wieder auf ca. 1,50 m zurückziehen. Ich habe an der Vorder- und Rückseite des Hauses jeweils einen und brauche seitdem nichts anderes mehr. Er ist immer so lang, wie ich ihn gerade brauche, und lässt sich bis 15 m ausziehen. Seitdem geht es auch meinen Pflanzen besser.

Wasserleitungen mit Außenanschlüssen werden abgestellt und entleert, sobald stärkere Fröste angesagt sind. Wasser dehnt sich in gefrorenem Zustand aus. Eine geplatzte Wasserleitung ist nichts Feines. Auch Wassergefäße, ob Vogeltränke oder Regentonne, werden besser geleert. Vorbeugen ist viel leichter, als hinterher die Bescherung in Ordnung zu bringen.

■ Ohne die gute, alte Gießkanne geht es nicht – besonders bei Töpfen.

■ Ein Gießstab dient der gezielten Bewässerung.

■ »Endtropfer« versorgen die Pflanzen ganz direkt.

Pflanzen richtig düngen

Auf das richtige Maß kommt es an. Zu viel kann fatale Folgen haben. Es kann das Ende einer Pflanze bedeuten. Und zwar das schnelle. Zu wenig kann auch das Ende bedeuten. Aber das geht langsamer. Man sieht es und kann reagieren. »Viel hilft viel« ist hier das falsche Motto. Die meisten Pflanzen in unseren Gärten sterben durch zu viel Dünger. Sparen Sie sich die Arbeit.

■ Es gibt eine breite Palette organischer Dünger, wie Hornspäne, die eine Langzeitwirkung haben, oder Hornmehl, das schneller wirkt. Auch Guano, ein Vogeldünger, gehört dazu.

Die einfachste Art zu düngen ist, der Natur ihren Lauf zu lassen und sie nicht ständig zu stören. Am besten gedeihen Pflanzen an ihrem Naturstandort, Rhododendren z.B. in den Höhenlagen Asiens. Dort düngt sie kein Mensch. Aber sie bekommen durch das herabfallende Laub höherer Bäume ständig Nährstoffe zugeführt. Das Bodenleben ist umso reichhaltiger, je dichter gepflanzt wird. Und je mehr wir für ein natürliches Gleichgewicht im Boden sorgen, desto weniger Arbeit und Kosten haben wir. Wenn Sie einen klinisch reinen Garten anstreben, in dem ein Regenwurm kein Blättchen mehr findet, das er in die Erde ziehen kann. werden Sie viel Geld für Dünger ausgeben müssen. Durch das Zusammenpflanzen verschiedener Gattungen – also Rose, Clematis, Buchs usw. – wird ein ausgewogenes Verhältnis im Boden gefördert. Unterschiedliche Nährstoffe werden entnommen und wieder zugefügt. »Sie düngen doch bestimmt sehr viel«, bekomme ich immer wieder im Garten zu hören. Das Gegenteil ist der Fall. Meine Pflanzen ernähren sich gegenseitig. Ich dünge nur einmal im Frühjahr und sonst nur ausnahmsweise.

Laub enthält alle wichtigen Pflanzennährstoffe. Nutzen Sie es reichlich im Winter zum Abdecken des Bodens. Sie müssen es nicht sortieren. Leichtes, dünnes Laub verrottet schneller. Ein Zuviel davon ist kaum möglich. Nur ersticken sollten die Pflanzen nicht darunter.

Meist wird dieser »eigene« Dünger nicht reichen. Man muss »zudüngen«. Ideal ist Komposterde. Aber wer hat schon genügend davon? Ersatzweise gibt es handelsübliche Dünger.

Ein Dünger, egal welcher, ist für eine Pflanze nur in Verbindung mit Wasser verwertbar. Deshalb den Dünger nie direkt auf die nackten Wurzeln, auf die trockene Erde oder bei strahlendem Sonnenschein geben. Und nie das Gießen vergessen. Es sei denn, ein schöner Landregen ist in den nächsten Stunden in Sicht.

Den Dünger sollten Sie nie direkt auf die Erde ausbringen, sondern ihn immer zuerst mit frischer Gartenerde mischen und dann die mit Dünger angereicherte Erde einarbeiten. Organische Dünger, wie Hornspäne, sind meist kaliarm. Sie sollten zu Beginn der Vegetationsperiode gegeben werden. Während des Wachstums ist es ratsam, mit Kali nachzudüngen. Je grober ein solcher Dünger in seiner Beschaffenheit ist, umso langsamer wirkt er.

- **Organisch-mineralische Dünger** haben ein günstigeres Verhältnis. So lässt sich in einem Arbeitsgang ausgewogener düngen. Sie stellen den goldenen Mittelweg dar.
- **Mineralische Volldünger** bieten den Pflanzen sofort aufnehmbare Nährstoffe. Wie Traubenzucker gehen sie sofort »ins Blut«.
- **Langzeitdünger** sind zeitsparend, müssen aber sinnvoll eingesetzt werden. Es hat keinen Zweck, einer Pflanze im Spätsommer noch einen 6-Monats-Dünger zu geben. Was soll sie damit?
- **Spezialdünger** gibt es für alles, von Rasen bis Rosen. Es sind ausgewogene Mischungen. Ob immer nötig, sei dahingestellt.

Die Zusammensetzung wird auf den Düngerpackungen mit »NPK« angegeben:

N = Stickstoff fördert das Wachstum. Ein Mangel äußert sich durch hellgrünes Laub.

P = Phosphor fördert die Blütenbildung und das Wurzelwachstum. Ein Mangel zeigt sich durch ein schmutzig grünes, später rotgelb verfärbtes Laub.

K = Kali lässt das Holz ausreifen, erhöht die Winterhärte und die Widerstandskraft gegen Krankheiten. Bei Mangel verfärben sich die Blätter vom Rand her braun und verdorren.

Bei einem Verhältnis 20:10:10 überwiegt der N-Anteil. Ein Dünger für das Frühjahr, den Beginn des Wachstums. Bei 10:15:20 überwiegt der K-Anteil. Ideal für den Spätsommer, um gut gerüstet durch den Winter zu kommen. Braucht eine Pflanze einmal »Blühhilfe«, wird phosphorbetont gedüngt.

Düngen Sie im Sommer nicht mehr stickstoffbetont. Die Pflanze käme nicht zur Ruhe, würde neue Triebe hervorbringen, die meist nicht mehr ausreifen könnten. Sie würden im folgenden Winter erfrieren. Ganz besonders, wenn der Herbst nicht sonnig und warm genug war.

- Flüssigdünger bitte genau abmessen.

- Ein Messbecher ist sicherer als das Augenmaß.

- Der Dünger wird flach in die Erde eingearbeitet.

Wann und wie schneide ich meine Gartenpflanzen?

Abschneiden, ausschneiden, beschneiden – Erziehungsschnitt, Formschnitt, Frühjahrsschnitt, Kahlschnitt, Pflanzschnitt, Pflegeschnitt, Rückschnitt, Verjüngungsschnitt, Winterschnitt – verwirrender geht es kaum. Bücher könnte man darüber schreiben – hier finden Sie das Wichtigste auf zwei Seiten.

So viel Gutes man einer Pflanze mit dem Schnitt tun kann – mindestens so viel kann man falsch machen. Obwohl es eigentlich ganz einfach ist. Man muss »nur« wissen, worauf es ankommt. So wunderschön ein artgerecht geschnittener Baum aussieht, besonders im Winter, so schlimm ist der Anblick eines geköpften Baums mit amputierten Ästen. Die typische Form einer Pflanze muss erhalten bleiben. Eine Birke ist nun einmal eine Birke!

Zum richtigen Zeitpunkt richtig geschnitten ist der Idealfall. Meist ist es aber besser, zum richtigen Zeitpunkt falsch zu schneiden als zum falschen Zeitpunkt richtig. So paradox sich das auch anhört. Was nützt es, wenn ich den Flieder gut zurückgeschnitten habe – im Frühjahr? Und somit alle Äste, die im Mai hätten blühen wollen, entfernt habe? Hätte ich ihn im Mai/Juni nach der Blüte weniger gekonnt geschnitten, wäre das nicht so tragisch gewesen. Es ist noch kein Meister vom Himmel gefallen.

■ Das Abschneiden verwelkter Blüten fördert nicht nur bei Rosen neues Blühen.

■ Alte Fruchtstände werden im Frühjahr abgeschnitten. Der Neuaustrieb ist schon zu sehen.

Warum wird überhaupt geschnitten? **Aus Platzmangel** (der Garten droht zuzuwachsen), **aus optischen Gründen** (ein sauber in Form geschnittener Buchs oder Strauch sieht einfach besser aus) und um der Pflanze Gutes zu tun, sie **zum Blühen und Wachsen anzuregen.** Und um die junge Pflanze **zu erziehen.**

Jeder Schnitt regt das Wachstum an. **Je mehr man abschneidet, desto stärker wird die Pflanze wachsen.** Das sollte man bedenken, bevor man zur Schere greift. Ein alter Strauch, der keine Augenweide mehr ist, kann auf diese Weise »verjüngt« werden. Leider geht das bei Menschen nicht.

■ Der richtige Schnitt über einem »Auge«, erkennbar am Austrieb.

- **Stauden**, wie Phlox oder Rittersporn, und Sommerblumen, wie Levkojen, werden direkt nach der Blüte zurückgeschnitten, damit sie wieder blühen. Dieser Rhythmus »Blüte – Schnitt – Blüte – Schnitt« lässt sich bis zum Herbst durchführen.
- Bei **Gehölzen** (also Bäumen und Sträuchern, besonders bei Rosen) ist es für das richtige Schneiden wichtig zu wissen, ob sie am diesjährigen Holz blühen oder am vorjährigen oder auch am alten.

»**Diesjähriges Holz**« sind Triebe, die im laufenden Jahr wachsen. Hier wird der Rückschnitt im zeitigen Frühjahr vorgenommen, wenn kein starker Frost mehr erwartet wird. Die Triebe aus dem vorigen Jahr können bis auf wenige »Augen« (Triebknospen) zurückgeschnitten werden, denn die Blütenknospen bilden sich an den neuen Trieben.

»**Vorjähriges Holz**« sind Triebe aus dem vorigen Jahr, die die Anlagen der Blütenknospen »in sich« tragen und im folgenden (also dem laufenden) Jahr blühen. Das sind Frühlings- oder Sommerblüher wie Flieder und »einmalblühende« Rosen (siehe Seite 100 ff.). Sie werden direkt nach der Blüte geschnitten.

■ »Tote« Zweige zu entfernen gehört zum Auslichten.

»**Altes Holz**« sind Triebe, die zwei Jahre und älter sind. Auch sie können immer noch blühen. Bei einer Forsythie z. B. blühen zwei- und dreijährige Triebe am üppigsten. Altes Holz wird, wenn es geschnitten werden soll, knapp über dem Boden entfernt. Das meint man mit »bis ins alte Holz zurückschneiden«.

■ Formschnitt gelingt mit einer Akkuschere ganz leicht.

Pflanzen gesund erhalten – besser vorbeugen als heilen

Pflanzen sind Lebewesen – mit all ihren Bedürfnissen, Wünschen und Reaktionen. Auch wir Menschen sind am liebsten gesund. Bis zu einem gewissen Grad haben wir es selbst in der Hand. Eine Pflanze nicht. Sie ist auf uns angewiesen. Und oft hilflos ausgeliefert. Sie kann nicht weglaufen, wenn ihr der Standort nicht behagt. Wir Menschen brauchen uns ja am Nordpol nicht im T-Shirt aufzuhalten. Und müssen auch kein Sauerkraut essen, wenn wir wissen, dass wir es nicht vertragen.

■ Solch eine Vielfalt ist die beste Voraussetzung für gesunde Pflanzen.

Gesunde Pflanzen sind widerstandsfähiger gegen Schädlinge und Krankheiten. Kranke und geschwächte Pflanzen werden bevorzugt befallen. Die beste **Vorsorge** ist, für gesunde Pflanzen zu sorgen. Das ist einfacher als die vielen, oft erfolglosen Rettungsversuche. Eine standortgerechte Sortenwahl und artgerechte Pflege sind Voraussetzungen für das Wohlbefinden einer Pflanze. Getan ist es damit aber noch nicht. Eine Monokultur, z.B. ein reines Rosenbeet, begünstigt das Auftreten von Krankheiten. Die beste Vorsorge ist deshalb eine gute Mischung verschiedener Pflanzengattungen. Unterschiedliche Pflanzen entnehmen dem Boden unterschiedliche Nährstoffe und führen ihm unterschiedliche Nährstoffe wieder zu. Eine einseitige Belastung des Bodens und die daraus folgende Schwächung der Pflanzen wird vermieden.

Eine rege Tierwelt (insbesondere **Vögel**) ist der beste Schutz gegen die üblichen Schädlinge wie Blattläuse usw. Dabei ist es leicht, Vögel dauerhaft anzulocken. Täglich frisches Trink- und Badewasser und eine abwechslungsreiche Bepflanzung wissen die gestressten Vogeleltern zu schätzen. **Wühlmäuse** möchte man natürlich nicht im Garten haben. Arbeiten Sie oft und intensiv im Garten, das mögen Wühlmäuse gar nicht. Wahrscheinlich ist es ihnen zu unruhig. Sie möchten lieber ungestört sein.

Schäden erkennen und deuten

Die Sprache der Pflanzen können wir nur mit den Augen verstehen, ihr Wohlbefinden oder ihren Hilfeschrei!

Blätter verfärben sich, verdrehen sich, rollen sich ein, hängen herab. Wichtig ist zu wissen, wie eine gesunde Pflanze aussehen muss, um solche kleinen Veränderungen schon im Frühstadium – dann, wenn man noch helfend eingreifen kann – zu erkennen. Meist ist die Veränderung ein Signal für einen Mangel: an Licht, an Wärme, an Wasser, an Nährstoffen. Manchmal auch für ein Zuviel: an Licht, an Wärme, an Wasser, an Nährstoffen. Hilfe, wer blickt da noch durch! Zu erkennen, dass einer Pflanze etwas fehlt oder nicht gefällt, ist schon nicht leicht. Richtig schwierig ist es, durchaus auch für Fachleute, zu bestimmen, was der Pflanze genau fehlt.

Chlorose lässt die Blätter gelb werden. Nur die Rippen bleiben grün. Sie wird hervorgerufen durch Eisenmangel, zu viel Kalk im Boden ist dafür verantwortlich. Er verhindert, dass die Wurzeln Eisen aufnehmen können. Verzicht auf kalkhaltigen Dünger und Gießen mit Regenwasser kann helfen, oder ein spezieller Eisendünger aus dem Fachhandel.

Trotz aller Vorsorge kann ein Befall an Schädlingen oder eine Krankheit auftreten. Wenn man dies frühzeitig erkennt, lässt sich noch am leichtesten etwas dagegen unternehmen. Absammeln von Blattläusen oder pilzbefallenen Blättern (nicht auf den Kompost!), Abwischen von Rußtau – all das ist möglich und wirksam, wenn es nur frühzeitig genug erfolgt. Man muss nicht gleich mit Kanonen auf Spatzen schießen. Und etwas lockerer sollte man auch das Thema »Läuse & Co.« angehen. Wenn sich auf meinen Ramblerrosen in 10 m Höhe ein paar Läuschen tummeln, stört mich das herzlich wenig – sehen kann ich es sowieso nicht. Ein Streben nach Perfektion macht nur unglücklich.

Wenn Sie Ihren Boden gut versorgen, vernünftig wässern und ausgewogen düngen, legen Sie den Grundstein für einen gesunden Garten. »Hilfe zur Selbsthilfe« sollte unser Motto sein. Je gesünder die Pflanzen, umso weniger Arbeit hat man mit »Kranken«. Ganz abgesehen davon ist eine gesunde Pflanze ein viel schönerer Anblick.

■ Chlorose, auch »Gelbsucht« genannt, zeigt sich durch gelbe Blätter.

■ Unterernährt (zu kleine Blüte), schwach und somit anfällig. Hier war kein wachsames Auge am Werk. Die Arme.

■ Trotz aller Pflege – manchmal muss nachgeholfen werden, um die Widerstandskraft zu erhöhen, besonders bei Rosen.

■ Blattläuse wirken schlimmer als sie meist sind – abstreifen oder abspritzen reicht als Bekämpfung oft aus.

■ Spinnmilben sind winzige Saugtierchen, die bevorzugt geschwächte Pflanzen befallen.

■ Den Dickmaulrüssler schleppt man sich meist mit gekauften Pflanzen in den Garten ein. Die Larven (kleines Bild) sind gefährlicher als die Käfer!

Die wichtigsten Schädlinge und Krankheiten

Keine Panik! »Leicht gesagt«, werden Sie denken. »Wenn meine Pflanzen das alles kriegen – lasse ich besser die Finger davon.« Erstens kriegen es nicht alle. Zweitens nicht alle alles. Nur – wenn eine Pflanze einmal etwas hat, wissen Sie, was es ist. Woher es kommt und was Sie dagegen tun können. Es gibt »tierische« Schädlinge: saugende (Blattläuse) und fressende (Schnecken und Larven). Und es gibt »pilzliche« Krankheiten (z. B. Mehltau). Eine Austriebsspritzung (siehe Glossar) beugt pilzlichen Erkrankungen vor. Spritzen Sie nur bei bedecktem Himmel und bei Windstille.

Blattläuse, ob schwarz, wie beim Falschen Jasmin, oder grün, wie bei Rosen, treten in ganzen Kolonien auf. Sie saugen, entziehen der Pflanze Saft und Kraft. Junge Triebe verkümmern, aber auch Blüten und Früchte. Die klebrigen Ausscheidungen – »Honigtau« – begünstigen den Rußtau. Für Blattläuse anfällige Pflanzen (z. B. Margeriten, Hibiskus) möglichst nicht in Rabatten pflanzen. Läuse mit scharfem Wasserstrahl abspritzen, nur im Notfall Chemie einsetzen.

Schnecken führen in regenreichen Sommern ein Leben im Überfluss. Sie hinterlassen im Garten widerliche Schleimspuren. Von der Pflanze bestenfalls ein Gerippe – oft nichts. Am besten, Sie schaffen sich Enten an. Oder wenigstens Igel. Nun? Ich helfe mir, indem ich von Schnecken bevorzugte Pflanzen, wie Hosta, »aufaste«: die untersten Blätter so weit entferne, dass kein Laub mehr den Boden berührt. Und vorbeugend Schneckenkorn streue: »Wehret den Anfängen.«

Spinnmilben haben dieses kunstvolle Gebilde geschaffen. Eigentlich sieht es sehr hübsch aus. Nur, die Pflanze darunter wird ersticken. Spinnmilben leben auf der Blattunterseite, entziehen der Pflanze durch Saugen Kraft und überziehen sie mit einem hauchdünnen Netz. Die Blätter wirken silbrig. Schlechter, verkrusteter Boden ist oft die Ursache. Boden verbessern, wässern, eventuell kalibetont düngen. Im Ernstfall hilft nur ein chemisches Spritzmittel. Nicht zu verwechseln mit den feinen Spinnweben im »Altweiber-Sommer«. Die sind einfach nur schön.

Dickmaulrüssler fressen nachts vom Rand her die Blätter an. Beim allerersten Anzeichen ist Vorsicht geboten. Das Gefährlichste sind die weißen, 1 cm großen, C-förmigen Larven (kleines Bild). Sie bringen es fertig, die Wurzeln einer Pflanze innerhalb kürzester Zeit zu vertilgen. Das ist unwiderruflich das Ende (der Pflanze). Schauen Sie sich vor dem Pflanzen den Wurzelballen genau an. Man hat die Larven immer mitgekauft.

Mehltau, ein weißer, mehliger Belag, besonders an jungen Trieben einer Pflanze. Leider auch an Knospen. Wird durch die Luft verbreitet. Wählen Sie einen luftigen Standort. Sorgen Sie bei Kletterpflanzen für genügend Abstand zur Hauswand (20 cm). Lassen Sie Pflanzen nicht zu dicht wachsen. Einige Sorten von Rosen, aber auch von Phlox oder Rittersporn sind sehr anfällig. Kaufen Sie mehltauresistente Sorten.

Rußtau ist ein hässlicher, schwarzer, klebriger Belag auf den Blättern. Ein Pilz, der sich auf den Ausscheidungen von Läusen ansiedelt. Er befällt viele Immergrüne. In Maßen vorkommend keine Tragödie: Die Blätter einfach mit einem Tuch und warmem Wasser abwaschen. Ein Unterschied wie Tag und Nacht (kleines Bild). Bei größerem Bestand die Pflanze völlig mit Sommeröl (Paraffinöl) einsprühen.

Sternrußtau, ein Pilz, der nur auf Rosenblättern vorkommt, zeigt sich durch sternförmige braune Flecken, die größer werden. Danach werden die Blätter gelb und fallen ab. Das Übel tritt bei feuchtem Wetter auf, der Pilz verbreitet sich durch Wasser. Daher: keine Bewässerung von oben. Befallene Blätter entfernen, auch penibel vom Boden aufsammeln. Robuste Rosen kaufen. Chemisch zu spritzen ist keine befriedigende Lösung.

Rosenrost, erkennbar an orangefarbenen Pusteln auf der Blattunterseite und gelb-braunen Flecken auf der Oberseite. Der Pilz verbreitet sich bei feuchtem, kühlem Wetter. Die ganze Pflanze wird geschwächt. Es ist mit das Übelste, das man im Garten haben kann, eine Bekämpfung ist kaum möglich. Eine sonnige, luftige Lage und kein Wasser von oben. Manche Rosensorten sind anfällig. Verbannen Sie diese aus Ihrem Garten.

■ Mehltau befällt Jungtriebe und Blätter. Hier ist meist ein ungünstiger Standort die Ursache.

■ Rosenkrankheit Nummer 1 ist der Sternrußtau. Absammeln und Vernichten der Blätter ist hier zu empfehlen.

■ Rosenrost ist ähnlich schwer zu bekämpfen. Auch hier sind gute Standort- und Sortenwahl die besten Vorbeugemaßnahmen.

Winterschutz ist Schutz vor Frost und Sonne

Schutz vor dem Winter brauchen die wenigsten Gartenpflanzen. Der Winter ist für sie ein Segen. Die Zeit, um sich auszuruhen: vom Wachsen, Blühen und Fruchten. Um mit neuer Kraft und neuem Elan ins neue Jahr zu starten. Schöpferische Pause würden wir dazu sagen. Ohne Winter kein Frühlings-erwachen. Wer nicht schläft, kann nicht erwachen. In südlichen Ländern ist der Frühling nicht halb so schön. Die Frische fehlt.

Einige Pflanzen, wie Flieder und Hosta, brauchen sogar Minustemperaturen, um üppig zu blühen und zu wachsen. Und Frost reduziert das Ungeziefer. In milden Wintern überlebt viel zu viel davon, die Plage im kommenden Jahr ist vorprogrammiert. Alles Gründe, um einem klirrekalten Winter wenigstens als Gartenmensch etwas abgewinnen zu können. Im Winter kann ein Garten zauberhaft aussehen. Mit Raureif überzogene Gehölze, Hagebutten, die wie gezuckert aussehen, wunderhübsch zarte Gräser und selbst die wie Zigarren zusammengerollten Blätter der Rhododendren haben ihren besonderen Reiz. Und hat sich Schnee wie eine wärmende, leichte Decke über den Garten gelegt, ist nicht nur die Stimmung draußen märchenhaft – auch unsere Stimmung ist gehoben. Denn einen so guten Schutz vor Frost können wir unseren Pflanzen nicht bieten. Allerdings muss der Schnee locker und luftdurchlässig sein. Dann ist die isolierende Wirkung groß. Bei wässrigem, schwerem Schnee können Zweige unter der Last abbrechen. Oder auch Immergrüne, wie Eibe oder Buchs, aus der Form geraten. Deshalb: schütteln oder klopfen Sie den Schnee ab.

Leider erfüllt sich der Traum von einem weißen Winter nur selten. Stattdessen werden uns Kahlfröste beschert. Vielleicht noch mit strahlend blauem Himmel? Knochentrocken und eiskalt. Das haben viele Pflanzen gar nicht gern. Und entsprechend traurig sehen sie aus. Ob ihnen der Frost nichts ausmacht, sie sich danach schütteln und wieder »ihren Mann« stehen oder ob sie dahinvegetieren oder es gar ihr unwiderrufliches Ende war – das hängt von der Pflanze ab. Und von uns. Wie wir sie in den Winter schicken.

■ Schnee ist der beste Schutz vor Frost. Er darf nur nicht zur Last werden.

Was bedeutet Winterhärte?

Winterhart ohne Einschränkungen sind die wenigsten Zierpflanzen. Eine Birke treibt jedes Jahr aufs Neue aus, egal, wie kalt und lang der Winter war. Die Pflanzen können Winterhärtetabellen nicht lesen. Ihre Grenzen müssen am jeweiligen Standort getestet werden. Die Winterhärte hängt von vielen Faktoren ab. Das Etikett ist nur einer, und nicht der wichtigste. Ein geschützter Standort, ein guter Allgemeinzustand der Pflanze bei Winterbeginn, gut ausgereiftes Holz durch einen schönen, sonnigen Herbst und kein Dünger mehr in der Ruhezeit – das alles hilft der Pflanze, gut durch den Winter zu kommen. Auch das Tempo der Temperaturveränderung spielt eine Rolle. Ein plötzlicher Temperatursturz wird genauso schlecht verkraftet wie zu schnelles Auftauen. Geht es langsam bergab, werden tiefere Temperaturen vertragen.

Winterschutz bedeutet bei Immergrünen, aber auch bei Rosen in erster Linie **Sonnenschutz.** So paradox das klingen mag. Wir müssen verhindern, dass ihre Blätter durch die Sonne auftauen. Sie verdunsten Feuchtigkeit, die Wurzeln sind aber noch gefroren. Aus den gefrorenen Wurzeln kann keine Feuchtigkeit aufsteigen. Der Kreislauf ist gestört. Die Pflanze erfriert nicht – sie vertrocknet. Deshalb sollte man auch nach Möglichkeit für immergrüne Gehölze wie Rhododendren und Kamelien, selbst für den Kirschlorbeer einen Standort mit Morgensonne im Winter vermeiden. Sie glauben gar nicht, wie intensiv eine Februar-Sonne schon sein kann. Ein unheimlicher Schock für die Pflanzen, besonders nach einem trüben Januar. Wo das nicht möglich ist: Tannenzweige um die Pflanze gestellt oder auch für kurze Zeit eine dünne Gardine locker darübergelegt, ist völlig ausreichend.

Immergrüne werden vor dem Frost gut gewässert. Das Laub, das Sie ja nicht weggesaugt haben, wärmt den Boden. Mit Tannenzweigen abgedeckt, kann es sich nicht auf- und davonmachen. Und sieht hübsch aus. Was in Ihrem Garten Väterchen Frost trotzt und was nicht – haben Sie zu einem großen Teil selbst in der Hand.

1 Empfindliche Gehölze werden in Schilf- und Kokosfasermatten verpackt.

2 Immergrüne brauchen eine dicke Laubschicht als Schutz.

3 Beetrosen werden erst angehäufelt …

4 … und dann mit Zweigen abgedeckt.

Pflegetipps für Bäume und Sträucher

Bäumen und Sträuchern etwas Pflege zukommen zu lassen lohnt sich immer. Viel zu oft werden sie gepflanzt – und vergessen. So können sie leider nicht ihre volle Schönheit entwickeln.

Wo sie sich doch jedes Jahr anders präsentieren; gewachsen sind, natürlich auch aus der Form geraten können. Ein enormes Potential steckt in ihnen. Wir freuen uns jeden Winter auf das erste Schneeglöckchen, nur – es sieht immer gleich aus. Haben wir uns jemals auf das filigrane Geäst eines Baumes gefreut, wenn die Blätter gefallen sind? Und das ist schade. Vielleicht achten Sie einmal darauf. Ob ein Baum gut geschnitten ist, zeigt sich im Winter.

■ Trockene Blütenstände schneidet man im Frühjahr ab.

■ Altes Holz wird direkt über dem Boden entfernt.

■ Zu dicht stehende Äste sägt man nahe dem Ansatz ab.

■ Baumwachs verschließt die entstehende Wunde.

Richtiges Schneiden entscheidet über:

▪ das gute Aussehen von Bäumen und Sträuchern
▪ ihre Gesundheit
▪ Blüten- und Fruchtansatz.

Blütengehölze wie Schneeball und Weigelie werden regelmäßig ausgelichtet. So erhält man viel junges Holz, das Kraft zum Blühen hat. Schneiden (siehe Seite 64 ff.) gehört neben der Bodenpflege zu den wichtigsten Arbeiten im Garten. Und man sieht den Erfolg. Beim Schneiden sogar unmittelbar danach. Der Schnitt »ins alte Holz« verkleinert zu groß und aus der Form geratene Sträucher. Sie fühlen sich danach jung, voller Energie und Tatendrang.

Große Äste müssen abgesägt werden. Das ist für den Baum eine größere Verletzung. Ersparen Sie ihm unnötiges Leid. Die Säge **muss** sauber sein. Lassen Sie keine Stümpfe stehen. Sogenannte Kleiderhaken sind kein ästhetischer Anblick. Sie faulen auch ab und übertragen Krankheiten auf das gesunde Holz. Es ist leichter, größere Äste stückweise abzusägen. Größere Wunden (von Bäumen) werden mit einem Wundverschlussmittel bestrichen. Es verhindert, dass Feuchtigkeit und zerstörende Pilze eindringen. Es fördert die Heilung wie ein Pflaster. Allerdings kann Feuchtigkeit, wenn sie schon drin ist, auch nicht raus.

Ein artgerechter Baumschnitt erfordert Können, Erfahrung und die richtigen Werkzeuge. Bei großen Bäumen, besonders solchen mit Solitärstellung, ist zu überlegen, ob man die Arbeit nicht besser Fachleuten anvertraut. Ich habe damit nur gute Erfahrungen gemacht.

Meine beiden sehr großen Eiben haben einen ganz akkuraten Formschnitt, den ich allein nicht hinbekommen würde. Einmal im Jahr reicht völlig, wenn der Schnitt Ende August bis Mitte September durchgeführt wird. In der Zeit ist das Wachstum abgeschlossen. Diese Investition habe ich noch nie bereut.

Eine »Baumscheibe« dagegen lässt sich leicht selbst anlegen. Das macht Spaß. Und Sie können nach Lust und Laune kreativ werden. Gemeint ist nicht ein Baumstumpf – sondern der Bereich auf dem Boden unter der Krone des Baums.

1 – 2 Vor dem Schnitt sieht die Forsythie etwas »bauchlastig« aus. Altes Holz wurde entfernt. Die langen neuen Trieb bleiben stehen. Neuerdings scheint es Mode zu sein, Forsythien wie Kugeln zu schneiden. Dieser Schnitt hier ist wesentlich artgerechter und natürlicher.

3 – 4 Der Schmetterlingsstrauch wird im Herbst nach der Blüte geschnitten. Im Frühling kürzt man die Triebe aus dem vorigen Jahr nochmals ein.

Pflegetipps für Hecken

Wieder einmal ist es in erster Linie der Schnitt, der aus einer Hecke eine gepflegte Hecke macht. Und dazu gehören scharfe Scheren. Für eine junge Hecke genügt eine Gartenschere. Ist die Hecke gewachsen, braucht man eine Heckenschere. Und für eine sehr lange Hecke eine elektrische Heckenschere.

■ Eine formale Hecke – richtig geschnitten ist sie unten breiter als oben und gleichmäßig dicht.

■ Eine gut gepflegte Hainbuchenhecke bietet auch im Winter ausreichenden Sichtschutz.

■ Niedrige Hecken, z. B. aus Buchs, müssen akkurat geschnitten werden. Ohne Richtschnur kommt man hier kaum aus.

■ Ist eine Hecke unrettbar verkahlt, kann man das »Loch« mit Kletterpflanzen oder einer Ramblerrose verdecken.

Aber erst muss aus kleinen Pflänzchen eine Hecke werden. Eine gut aufgebaute Hecke ist unten so dicht wie oben. Und unten breiter als oben. Nicht selten sieht man Hecken, besonders von Hainbuche n, bei denen es genau umgekehrt ist. Schuld daran ist ein falscher oder überhaupt kein Rückschnitt nach dem Pflanzen.

Im Pflanzjahr darf die junge Hecke nicht unter Wassermangel leiden. Sonst könnte es passieren, dass es ihr erstes und letztes Jahr war. Während eines trockenen Sommers muss sie mindestens alle zwei Wochen gründlich gewässert werden. Eine Mulchschicht aus altem Laub des Winters hilft, die Feuchtigkeit zu halten. Besonders Immergrüne sind im ersten Winter durch starken Frost und Wind gefährdet. So paradox es klingt: Eine Hecke, der beste Windschutz für andere Pflanzen, braucht im ersten Winter selbst einen Windschutz. Geeignete Matten gibt es im Fachhandel.

Im ersten Frühling nach dem Pflanzen wird ausgewogen gedüngt. Sobald die gewünschte Höhe erreicht ist, braucht eine Hecke weniger Dünger. Pflanzen in Hecken wachsen ungewöhnlich nah beieinander. Sie sind in ständigem Konkurrenzkampf um Platz, Licht, Wasser und Nährstoffe. Der Schnitt regt sie an, dauernd zu wachsen. Das kostet Kraft und ein bisschen Fürsorge.

Immergrüne Hecken

Diese können Laubhecken sein (Buchs) oder aus Nadelgehölzen bestehen, wie Thuja oder Eibe. Gut gepflegt, sind sie immer grün. Alle neigen dazu, unten kahl zu werden. Bei einer jungen Eibenhecke oder einer Hecke aus anderen Nadelgehölzen werden im Frühjahr, Sommer und Herbst die Seitentriebe eingekürzt, damit sie sich schön verzweigt. Der Haupttrieb in der Mitte wird erst gekürzt, wenn die gewünschte Höhe erreicht ist. Das ist wichtig! Später wird die Hecke oben etwas schmaler geschnitten als unten. So kommt Licht auch an den unteren Teil, die Zweige verkahlen nicht. Diese Form wird nicht durch Schneemassen oder starken Wind zerstört.

Die Königin unter den Hecken ist aus meiner Sicht die Eibe. Sie wächst relativ langsam, ca. 20 cm pro Jahr. Bei einer ausgewachsenen Eibenhecke reicht ein einziger Schnitt im Hochsommer, und sie sieht einigermaßen gepflegt aus. Buchs und Thuja sind raschwüchsiger, sie brauchen zweimal im Jahr eine Korrektur, um ordentlich auszusehen.

Sommergrüne Hecken

Solche Hecken sind nur im Sommer grün. Sie werfen früher oder später ihr Laub ab (die Hainbuche oft erst im zeitigen Frühjahr). Bei ihnen muss nach der Pflanzung der Haupttrieb stark gekürzt werden. Das tut weh. Aber nur uns. Wenn nicht am Anfang geschnitten wird, kann sie nie zu einer buschigen Hecke werden. Lassen Sie vom jährlichen Neutrieb nur die Hälfte stehen, höchstens 25 cm.

Trotz Sommerschnitt werden sie jedes Jahr um einige Zentimeter höher und breiter. Wenn Sie das nicht möchten, müssen Sie zusätzlich ca. 30 cm entfernen. Milde Wintertage eignen sich am besten dafür. Zur guten Pflege gehört jeweils ein Schnitt im Juni (sobald nistende Vögel ausgeflogen sind) und einer im August.

Blühende Hecken wachsen nicht nur lockerer – man nimmt es auch lockerer. In ihrem ersten Frühjahr werden sie in ihrer Höhe halbiert. Danach reicht es, sie alle zwei bis drei Jahre auszulichten. Wenn Sie schneiden: direkt nach der Blüte.

Alte, vernachlässigte Hecken müssen nicht »entsorgt« werden. Es wäre auch eine teuflische Arbeit, sie auszugraben. Versuchen Sie es mit einer Renovierung. Eine Wohnung wird man wahrscheinlich auch sanieren und nicht gleich das ganze Haus abreißen. Das vertragen aber nur Laubgehölze und Eiben gut. Diesen **Verjüngungsschnitt** führt man bei Immergrünen Ende Mai/Anfang Juni durch, bei Laubgehölzen im Winter während der Ruhezeit. Das sieht anfangs grauenhaft aus. Aber gut gedüngt und gut gewässert werden sich die Patienten schnell erholen. Nach zwei bis drei Jahren lässt sich mit etwas Glück schon wieder von Hecke sprechen. Versuchen Sie es erst mit einer Längshälfte. Funktioniert das, kommt im nächsten Jahr die andere Seite an die Reihe. Schnittabfall lässt sich zur Bodenbedeckung oder für den Kompost verwenden. Schön ist, wenn man »Grenzhecken« auch von der Nachbarseite aus schneiden kann. Das kommt nicht nur dem Nachbarn zugute, sondern auch der Hecke.

Pflegetipps für Rosen

Aller guten Dinge sind drei: Schneiden – Nährstoffe – Liebe. Ja, um schöne Rosen zu haben, muss man sie lieben. Die »Königin der Blumen« möchte auch wie eine Königin behandelt und hofiert werden. Das Allerwichtigste ist jedoch, wie so oft, der richtige Schnitt. Nur so kann eine Rose das geben, wozu sie in der Lage ist.

Das Verwirrende ist, dass die unterschiedlichen Gruppen von Rosen auch unterschiedlich geschnitten werden wollen. Hinzu kommt der Verwendungszweck. Viele Möglichkeiten und noch mehr Meinungen. Ich versuche, es ganz einfach für Sie zu machen.

Einmalblühende Rosen, wie 'Mme Hardy', blühen einmal im Jahr, etwa vier bis sechs Wochen lang. Sie werden im Sommer nach der Blüte geschnitten, bilden neue Triebe, die im nächsten Jahr blühen. Sie blühen »am vorjährigen Holz«. Und sind, gut geschnitten, auch ohne Blüten ein schöner, dekorativer Strauch. Selbst im Winter ohne Laub.

■ Bei öfterblühenden (Kletter-)Rosen muss man die verwelkten Blütenbüschel entfernen, sonst lässt die Blüte bald nach.

■ Dieser Wildtrieb muss entfernt werden. Besser wäre es, ihn abzureißen statt abzuschneiden.

Öfterblühende Rosen, wie 'Schneewittchen', blühen mehrmals im Jahr. Aber nur, wenn die verwelkten Blüten regelmäßig abgeschnitten werden; und zwar bis zum ersten voll entwickelten Blatt. Schneidet man weiter zurück, muss man länger auf neue Blütenknospen warten. Im zeitigen Frühjahr kürzt man alle Triebe ein und entfernt totes und krankes Holz. Achten Sie darauf, dass eine schöne, gewölbte Form entsteht. Nun bilden sich neue Triebe, die noch im gleichen Jahr blühen. Schneiden Sie zu früh im Jahr zurück, kann der Neuaustrieb bei Spätfrösten erfrieren, und Sie müssen nochmals zurückschneiden. Die Rose blüht entsprechend später.

Doch die letzten Blüten des Jahres abzuschneiden wäre ein Jammer. Bei Rosen mit einfachen oder halbgefüllten Blüten entwickeln sich aus diesen oft sehr dekorative Hagebutten. Sie sind nicht nur eine Zierde für sich, sondern auch ein Leckerbissen und Anziehungspunkt für viele Vögel.

Kletterrosen könnten so schön sein – wenn sie richtig geschnitten würden. Was leider zu selten der Fall ist. Wie oft blühen sie zwar im zweiten Stock, aber unten? Das Wachstum der langen Triebe muss früh unterbrochen werden, damit sich unten blühwillige Seitentriebe bilden. Bei **öfterblühenden Kletterrosen**, wie 'Golden Showers', müssen zusätzlich die verwelkten Blüten herausgeschnitten werden (siehe oben). Im zeitigen Frühjahr schneidet man alle Seitentriebe bis auf 2–3 Augen zurück. Für eine dichtere Mitte darf mehr stehen bleiben. Lücken werden mit geeigneten Trieben geschlossen. Lassen Sie keine Triebe hinter das Klettergerüst wachsen. Binden Sie junge Triebe dicht über dem Boden fest. Und ziehen Sie die Rose fächerförmig nach oben. Das sieht selbst im Winter dekorativ aus.

Eine ungewollte Überraschung

Wie kommt es bloß, dass in so vielen Vorgärten riesige Wildrosensträucher mit einfachen, meist zartrosa Blüten im Spätfrühling und unzähligen Hagebutten im Herbst wachsen? Haben die Gärtner plötzlich ihr Herz für Wildrosen entdeckt? Wohl kaum. Hier wurde einmal eine Edelrose gepflanzt, die völlig von ihrer Unterlage, der Wildrose, überwuchert wurde. Da sie die Kräftigere ist, hat sie gesiegt. Also aufpassen!

1 Beetrosen im Frühjahr scharf zurückschneiden.

2 Dieser hellgrüne Wildtrieb muss entfernt werden, sonst überwächst er im Nu die ganze Rose.

3 – **4** Bei Strauchrosen sich störende Triebe auslichten, dann kann sich die Rose besser entwickeln.

Pflegetipps für Stauden und Sommerblumen

Wer schön sein soll und ja auch will, darf nicht leiden müssen. Von diesen fleißigen Blühern wird eine Höchstleistung erwartet.

Dazu brauchen sie Kraft und unsere Unterstützung. Sie werden uns nicht auf Knien danken, sondern hocherhobenen Hauptes – und glücklich lächeln. Das zu erreichen ist nicht schwer.

■ Vor dem Austrieb im Frühjahr wird alles Trockene entfernt.

■ Für eine zweite Blüte dicht über dem Boden zurückschneiden.

■ Bambusstäbe stützen schwere Pfingstrosenblüten.

■ Angebunden werden hohe Einzeltriebe z. B. mit Bast.

Stauden sind **Dauergäste** in unserem Garten (siehe Seite 30). Damit sie aber zuverlässig jedes Jahr wiederkommen, prächtig aussehen und nicht von ihren eigenen Sämlingen überwuchert werden, bedarf es einiger Pflege. Pflegeleicht ist eine gelungene Staudenpflanzung nicht. Aber man kann sich die Pflege leicht machen.

Die Schere ist bei Stauden wichtiger als die Düngung. Ein zeitiger **Rückschnitt** nach der ersten Blüte veranlasst viele, wieder zu blühen. Das wollen wir ja erreichen. Die Blütenstängel werden dazu dicht (ca. 10 cm) über dem Boden abgeschnitten. Auf diese Weise blüht Ihr Rittersporn oder auch die Katzenminze noch im Oktober.

Die Blütezeit verlegen kann man erfolgreich bei Stauden wie Phlox. Schneidet man den Stängel mit den Blütenknospen auf 10 cm zurück, erscheinen die Blüten Wochen später. Das ist nicht ganz fair der Pflanze gegenüber. Doch ein prächtig blühender Garten ist schöner als ein traurig aussehender, wenn wir von einer Reise heimkommen.

Nur die Blütenstände werden bei Akelei, Astilbe, Sonnenauge oder Pfingstrosen herausgeschnitten. So können wir uns auf eine gute Nachblüte freuen. Im Herbst können Sie einige Blütenstände vor der Schere verschonen. Sie sehen im winterlichen Garten sehr dekorativ aus.

Vermehren und gesund erhalten. Erstens bekommt man neue Pflanzen aus Samen. Das ist spannend. Wir wissen nie, was uns erwartet. Oder durch Stecklinge und Teilung. Hier können wir sicher sein, dass wir dieselbe Sorte erhalten. Zweitens werden Stauden oft nach einigen Jahren »müde«, also blühfaul. Die **Teilung** ist eine Verjüngungskur. Geteilt wird vor dem Austrieb, nach der Blüte oder im Frühherbst. Zwiebelblumen, wie Schneeglöckchen, werden nach ca. zehn Jahren zu groß und lassen in der Schönheit nach. Sie werden im Juni/Juli ausgegraben und geteilt.

Will man kräftige Pflanzen haben, muss man das Verblühte abschneiden. Dadurch werden sie angeregt, immer wieder zu blühen. Eigentlich ein Betrug an der Pflanze. Ihr Ziel ist es, Samen zu bilden. Unseres ist ein anderes: ein Garten voller gesunder, schöner und üppig blühender Pflanzen.

■ Die ausgegrabene Staude wird mit dem Spaten geteilt.

■ Mit den Händen lässt sich faseriges Wurzelwerk leicht auseinanderziehen.

Die besten Pflanzen für Gartenneulinge

Hecken 82

Bäume und Sträucher 86

Kletterpflanzen 94

Rosen 100

Stauden 106

Gräser 118

Bodendecker und Farne 122

Zwiebelblumen 128

Sommerblumen 134

Hecken schützen nicht nur vor Wind und fremden Blicken

Sie schützen auch vor Lärm (jedenfalls große Hecken), beherbergen Insekten und kleine Tierchen und sind der ideale Unterschlupf und Nistplatz für Vögel. Sie verbergen hässliche Dinge (wie Mülltonnen, Geräteschuppen usw.) und können die Durchschnittstemperatur im Garten um 1–2 °C gegenüber den Nachbargärten anheben. Hecken schirmen uns zudem von der Außenwelt ab und geben uns ein Gefühl der Geborgenheit.

Eine Hecke kann denselben Zweck erfüllen wie eine Mauer. Aber sie ist etwas Lebendiges! Das wiederum erfordert Pflege, mehr oder weniger. Auch braucht eine Hecke mehr Platz. Sie wird wesentlich breiter. Aber sie lebt! Leider gibt es viel zu wenig Hecken.

Liebäugeln Sie mit einer Hecke? Dann sollten Sie viel spazieren gehen. Schauen Sie sich in Ihrer Gegend Hecken an. Passen sie in die Umgebung? Sehen sie gesund aus? Dann fühlen sie sich an ihrem Standort wohl. Können Sie sich eine Hecke, die Ihnen gefällt, in Ihrem Umfeld vorstellen? Klingeln Sie ruhig einmal bei anderen Gartenbesitzern. Die meisten sind sehr hilfsbereit, wenn es nicht gerade in der Mittagszeit ist. Eine Hecke ist eine Investition, die nicht alle Tage gemacht wird. Deshalb ist es gut, sich genau zu informieren. Und wenn man danach nur weiß, was man **nicht** möchte.

Als **reizvolle Kulisse** für andere Pflanzen – als ganzjähriger Schmuck im Garten – als optische Unterteilung – sogar als Schönheit für sich aus Strauchrosen – es wäre schade, wenn Hecken nur eine Funktion hätten. Bei so vielen Möglichkeiten!

Formal (streng) oder naturnah (frei wachsend) ist die wichtigste Unterscheidung. Eine **formale Hecke** wird geschnitten. Dabei sind verschiedene Formen möglich. Als Raumteiler in einem kleinen Garten wirkt eine grüne »Wand« sehr wuchtig. Eine Öffnung als Durchgang oder »Guckloch« sieht hübsch aus und weniger massig. Eine formale Hecke tritt viel mehr in den Hintergrund. Ist Kulisse. Eine **naturnahe Hecke** wird nur wenig oder gar nicht geschnitten. Das Lockere macht

■ Eine formale Hecke kann als Raumteiler dienen und als ruhiger Hintergrund.

ihren Reiz aus, mit überhängenden Zweigen, mit Blüten und Früchten. Sie ist heiter, lustig, alles andere als streng. Aber sie braucht auch wesentlich mehr Platz.

Es gibt Hecken für jede Situation, jeden Geschmack und jeden Geldbeutel.

- **Naturhecken** passen in ländliche Gegenden. Wo Garten und Landschaft sich nicht trennen lassen. Hier sind Hainbuchen am richtigen Platz. Aber auch Holunder oder Weißdorn. Sie können ja auch schon vorhanden sein. Selten übernimmt man ein völlig leeres Grundstück. Dazwischen gepflanzte Stauden, wie Glockenblumen, Fingerhut oder auch Akelei, sehen reizend aus.
- **Blütenhecken** kommen auch für kleinere Gärten in Frage. Obwohl sie immer noch recht viel Platz in Anspruch nehmen. Sie brauchen zumindest eine »sonnige Seite«. Wer Gelb mag, nimmt Forsythien, Falscher Jasmin blüht weiß, Weigelien rosa. Und auch Flieder eignet sich, in Weiß und Lila, sogar in Gelb und Rosa. Geschnitten wird nach der Blüte. Ich würde auch Immergrüne dazwischenpflanzen. Sie sorgen für den Winteraspekt.
- **Immergrüne Hecken** sind die klassische Form. Sie werden in der Regel geschnitten. Von Scheinzypresse und Lebensbaum gibt es Sorten, die säulenförmig wachsen und wenig Schnitt brauchen. Eibe als Nadelgehölz, Liguster und Kirschlorbeer als Laubgehölze werden für höhere Hecken verwendet. Sie sind schattenverträglich und in ihrer Wirkung sehr unterschiedlich.
- **Einfassungen** von Vorgärten oder Wegen sollten niedrig sein. Buchs, **Lavendel** und **Berberitze** bieten sich für unser Klima an.

Die ideale Hecke wächst zunächst in einem rasanten Tempo wie Kresse in die Höhe. Oben angekommen, bleibt sie so ohne jeglichen Schnitt. Der einzige Nachteil ist, dass es so eine Hecke nicht gibt.

Die am schnellsten wachsende und billigste Hecke ist aus **Liguster.** Sie sieht allerdings nur gepflegt aus, wenn sie etwa einmal im Monat geschnitten wird, und ist im Winter mehr braun als grün. Bei **Kirschlorbeer** ist es ratsam, nicht so oft zu schneiden. Obwohl ich generell den großblättrigen Kirschlorbeer schöner finde, ist der kleinblättrige Liguster für eine

Hecke, die geschnitten wird, geeigneter. Durchgeschnittene Blätter sind kein optischer Hochgenuss.

Die beste Heckenpflanze ist für mich die **Eibe.** Sie wächst langsam, braucht nur einmal im Jahr geschnitten zu werden, ist ein idealer Hintergrund, lässt anderen Pflanzen den Vortritt, kommt mit 30 cm Breite aus und kann bei richtiger Pflege uralt werden. So viele Vorzüge haben allerdings ihren Preis. Kaufen Sie deshalb kleine Pflanzen. Groß werden sie von allein. Idealerweise sieht eine Hecke aus beispielsweise acht Eiben nach einiger Zeit aus wie eine einzige Pflanze. Solch eine Reihe gleicher Pflanzen, unnatürlich dicht beieinanderstehend, darf auch einige Ansprüche an den Boden haben. Das beginnt mit einem guten »Graben« voll guter Erde (siehe Seite 48 ff.). Wir möchten ja, dass die Pflanzen schnell wachsen. In den ersten Sommern regelmäßig wässern. Doch Vorsicht im Winter! Gerade Eiben brauchen eine gute Drainage. Der Tod durch Ertrinken wäre zu schade.

■ Leuchtende Forsythien bestimmen im Frühling das Bild dieser Blütenhecke.

Berberitze
(Berberis thunbergii)

 1,5–2 m   5

Äußerst robustes und schnittverträgliches Heckengehölz, häufig als Vorgarten-Abgrenzung verwendet.

Wuchs: Sommergrüner, stark verzweigter Strauch mit spitzen Dornen und kleinen, eiförmigen Blättern, bis 2 m breit, als Schnitthecke 50–80 cm hoch.

Blüte: Klein, gelb, süß duftend, im Herbst längliche rote Beeren.

Standort: Wächst auf jedem Gartenboden, verträgt auch Trockenheit gut.

Pflege: Braucht kaum Pflege, Schnitt nach der Blüte (Handschuhe tragen!), gelegentlich überalterte Triebe entfernen.

Tipps: Beliebt bei Bienen (Blüten) und als Vogelschutzgehölz. Schöne orangerote Herbstfärbung.

Sorten: 'Atropurpurea' (Blut-Berberitze), rotlaubig, ebenfalls häufig gepflanzt, sonst wie die Art; 'Atropurpurea Nana', nur 40–60 cm hohe Zwergform.

Buchsbaum
(Buxus sempervirens)

 2–4 m   4–5

Ideal als niedrige bis mittelhohe Schnitthecke und Formgehölz, überzeugt durch sein stets sauberes, dichtes Laubkleid.

Wuchs: Immergrün, dicht verzweigt mit ledrigen, kleinen, elliptischen, gewölbten Blättern und herbem Duft.

Blüte: Gelb, klein und unscheinbar.

Standort: Normaler, kalkhaltiger Gartenboden, für sonnige oder schattige Lagen, sehr gut auch im Kübel.

Pflege: Außer dem Schnitt kaum weitere Pflege. Vorsicht, das Laub ist giftig! Kübelgehölze im Winter etwas geschützt (Hauswand) stellen.

Tipps: Junge Pflanzen schon ab Frühjahr und häufig schneiden, ältere nur vorsichtig an grünen Trieben. Bei endgültiger Schnittform nur noch im Sommer (Juni) schneiden.

Sorten: 'Suffruticosa', Einfassungs-Buchs, nur 60 cm, beste Sorte für niedrige Hecken.

Hainbuche
(Carpinus betulus)

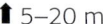 5–20 m   4

Aufgrund seiner Schnittverträglichkeit seit alters beliebter Baum für Formhecken und Einfriedungen.

Wuchs: Sommergrüner Laubbaum mit tief ansetzender Verzweigung und buchenähnlichem, frischgrünem Laub, das auch im Winter lange ziert. Als Schnitthecke 100–300 cm hoch.

Blüte: Blassgelbe Kätzchenblüten, später hängende, geflügelte Nüsschen.

Standort: Wächst auf allen Böden, bevorzugt tiefgründigen Lehmboden.

Pflege: Tiefwurzler, braucht keine Pflege, kann fast ganzjährig geschnitten werden.

Tipps: Schöne gelbe Herbstfärbung. Für dichte Hecken zweimal jährlich schneiden (Juni und Februar).

Scheinzypresse

(Chamaecyparis lawsoniana)

⬆ 4–8 m ❀ 4 ◐ ○–◐

Die »Thuje« (fälschlich) ist der wohl häufigste Baum für immergrüne Heckenwände.

Wuchs: Schlank, kegelförmig mit kleinen schuppenförmigen Nadeln an abgeflachten Trieben. Rasch wachsender Flachwurzler, als Schnitthecke 150 bis 300 cm hoch.

Blüte: Unscheinbar, anschließend kleine, kugelige Zapfen.

Standort: Robuster, anspruchsloser Baum, kommt mit jedem Boden zurecht.

Pflege: Schnitt ganzjährig möglich, jedoch immer nur die grünen Spitzen schneiden! Schnitt ins alte Holz bewirkt Verkahlung, die sich nicht mehr schließt.

Tipps: Alle Teile sind giftig!

Sorten: 'Columnaris', die Blaue Säulenzypresse, 4–8 m, blaugrüne Nadelschuppen, sehr beliebt; 'Stewartii', gelbnadelig.
Weitere Art: Ähnlich verbreitet und schnittfest ist die Thuje bzw. der Lebensbaum *(Thuja occidentalis)* in der Sorte 'Brabant', mit grünen Nadelschuppen, Schnitthöhe 80–250 cm.

Liguster

(Ligustrum vulgare)

⬆ 3–4 m ❀ 6–7 ○–◐–●

Schnittverträglich, auch im Winter grünes, attraktives Laubgehölz – was will man mehr?

Wuchs: Aufrecht wachsender, wintergrüner Strauch mit lanzettlichen Blättern in tiefem Dunkelgrün, als Schnitthecke 80–150 cm.

Blüte: Klein, cremeweiß, duftend, in schlanken Rispen. Schwarze Beeren.

Standort: Vielseitig und anpassungsfähig, auf trockeneren wie feuchteren Böden, bevorzugt kalkhaltiges Substrat.

Pflege: Anspruchslos.

Tipps: Liguster ist in allen Teilen schwach giftig.

Sorten: 'Atrovirens' wird am häufigsten angeboten, Blätter dunkler grün, länger haftend.

Eibe

(Taxus baccata)

⬆ 5–10 m ❀ 3–4 ○–◐–●

Beste Schnittverträglichkeit und dichtes, dunkles Grün kennzeichnen diesen edlen langlebigen Nadelbaum.

Wuchs: Aufrechter, buschiger kleiner Baum, der sich gut verzweigt, langsam wächst und auch im Schatten problemlos gedeiht, mit tief dunkelgrünen Nadeln. Als Schnitthecke 100–200 cm.

Blüte: Unscheinbar, rote beerenartige Früchte mit hochgiftigem Kern.

Standort: Frische bis feuchte, kalkhaltige Böden wählen, auf trockener Erde besteht im Winter bei sonnigen Standorten Austrocknungsgefahr.

Pflege: Eiben können beliebig in Form geschnitten werden und eignen sich ähnlich wie Buchs auch für geometrische Formen und Figuren.

Tipps: Verdichtete Böden meiden.

Bäume und Sträucher sind die »Höhepunkte« in jedem Garten

Kein Garten ist zu klein für einen Baum. Es kommt nur auf die Größe an: des Gartens und des Baumes. Und es gibt Bäumchen, wie die Zuckerhutfichte. Sie bleibt ein Bäumchen ganz ohne Schnitt. Inzwischen ist die Auswahl recht beachtlich.

■ Kugel-Robinien sind dekorative kleine Bäume, die selbst in kleinen Gärten nicht erdrückend wirken.

Ein einziger Baum kann einen Garten prägen. Oft legt er sich aber erst nach Jahren sein charakteristisches Aussehen zu. Er muss sich erst besinnen, was er werden soll. Meist wird nur auf die Höhe geschaut. Vergessen Sie nicht die Breite der Krone! Vom »Einzugsbereich« der Krone (ihren Wurzeln, ihrem Schatten, ihrem Schutz) hängt das Wohlergehen anderer Pflanzen ab. Was immer sonst im Garten gepflanzt wird, Bäume geben den Ton an.

Viele Hausbesitzer geben sich die größte Mühe mit der Rasenpflege vor dem Haus. Möchten sie den Verkehr besser sehen und hören? Kleine Bäume und Sträucher sind interessanter – zugleich Schall- und Sichtschutz. Kalkulieren Sie auf jeden Fall die endgültige Größe ein, und die Lichtverhältnisse in der dahinter liegenden Wohnung.

Die große Entscheidung: »Was nehme ich?« braucht ihre Zeit. Machen Sie sich eine **Checkliste.** Größe – Form – Laubfarbe im Sommer und Laubfärbung im Herbst – Blütenfarbe und Blütezeit – Winteraspekt – Wuchsschnelligkeit. Und lassen Sie sich beraten. Ein Baum, der schnell wächst, hat auch die gierigsten Wurzeln. Blüten in Hülle und Fülle über drei Wochen – und dann? In einem kleinen Garten ist ein Auftritt nicht genug, und mag er noch so spektakulär sein. Und bedenken Sie auch das herabfallende Laub.

Ein halbes Jahr lang ohne Laub sind Bäume und Sträucher, wenn es keine immergrünen sind. Eine schöne Wuchsform sieht auch »nackt« schön aus. Und die leuchtend roten Zweige von *Cornus alba* 'Sibirica' sind mitten im Winter eine Attraktion. Seine jungen Triebe sind am kräftigsten gefärbt. Schönes, dunkelgrünes Laub. Cremeweiße Blütendolden im Frühsommer. Danach rundliche, weiße Beeren. Dieser Hartriegel hat das ganze Jahr über etwas zu bieten. Er ist eines kleinen Gartens würdig. Die hier ausgewählten Pflanzen haben alle nicht »nur einen« Vorzug.

Bäume haben einen Stamm, Sträucher mehrere dicke Triebe gleich vom Boden aus. Oft ist aber der Übergang fließend und zwischen Baum oder Strauch nicht klar zu unterscheiden.

Bäume können in Ihrem Garten ja schon vorhanden sein. Auch dann ist ein Aspekt zu wenig. Vor der Axt steht auf jeden Fall die Möglichkeit, den Baum aufzuwerten (durch Kletterpflanzen, schönen Schnitt oder Unterpflanzung). Hier geht es jedoch ums Neupflanzen. Einer der elegantesten und dekorativsten »Kleinen« ist die Kugelrobinie 'Frisia'.

Vom Frühjahr bis zum Herbst bringt sie mit ihrem sattgelben Laub Sonne in den Garten. Auch der Japanische Ahorn leuchtet an trüben Herbsttagen in Gelb, Orange oder Rot – je nach Sorte. Und wenn noch die Sonne darauf scheint! Dagegen überrascht die Ahorn-Sorte 'Flamingo' mit ihrem Farbenspiel im Sommer. Das Rosa in den grünen Blättern wird weiß. – Zierkirschen haben viel Schönes zu bieten: Wuchs, Blattaustrieb, Herbstfärbung. Ausgesucht werden sie aber nach ihren traumhaften Blüten – ob in Rosa oder Weiß, einfach oder gefüllt.

Sträucher, die nacheinander blühen, geben einem kleinen Garten mehr als eine einmalige, kurze Schau. Mehr Ruhe und längeren Genuss. Forsythien im April, Flieder im Mai, Falscher Jasmin im Juni, gefolgt von Hibiskus, Schmetterlingsstrauch und Hortensien im Spätsommer. – Der Perückenstrauch trägt seinen Namen zu Recht. Federähnliche, hellbraune Fruchtstände verwandeln den Strauch ab Spätsommer in eine Wolke. Die gelbe oder purpurrote Herbstfärbung ist eine willkommene Zugabe. Sträucher mit einem geraden Mitteltrieb lassen sich zu einem kleinen Baum ziehen, wenn die Seitentriebe nach und nach bis zur gewünschten Höhe entfernt werden.

Der Winter kann durchaus seine Reize haben. Wenn die Stauden verblüht sind, das Laub gefallen ist, kommt das »Gerüst« des Gartens zum Vorschein. Die Silhouetten von Bäumen und Sträuchern sehen vor dem Winterhimmel wie Scherenschnitte aus. Dazwischen der rosa blühende Schneeball mit seinem süßen, an Marzipan erinnernden Duft – Tristesse adieu!

■ Das Blätterkleid muss nicht immer nur grün sein. Gerade im Herbst zeigen sich viele Gehölze von ihrer schönsten Seite.

■ Im Winter wirken unterschiedliche Wuchsformen und Strukturen besonders gut.

Bunter Eschen-Ahorn

(Acer negundo 'Flamingo')

 2–5 m 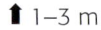 4–5

Überaus robust und anpassungsfähig und mit seinem bunten Laubkleid eine echte Zierde.

Wuchs: Kleiner Baum mit rundlicher Krone oder großer buschiger Strauch, mit gefiederten Blättern, im Austrieb rosa und weiß gerandet und gefleckt.

Blüte: Kleine gelbliche Blüten, männliche in Büscheln, die weiblichen hängend.

Standort: Jeder normale Gartenboden.

Pflege: Schneidet man die jungen Triebe jährlich oder regelmäßig zurück, erhält man stets schöne bunte Triebe. Grünlaubige Zweige an der Basis ganz entfernen.

Tipps: Der klein bleibende Baum eignet sich vor allem für kleinere Gärten oder Gartenteile.

Fächer-Ahorn

(Acer palmatum)

 1–3 m 5

Im Japan-Garten ein Muss, doch wirkt er auch bei uns charaktervoll und edel.

Wuchs: Kleiner mehrstämmiger Baum oder buschiger Strauch, oft breiter als hoch, langsam wachsend, mit je nach Sorte grünem oder rotem, fächerförmig zerteiltem oder geschlitztem Laub.

Blüte: Sehr kleine purpurne Blütchen, geflügelte rötliche Früchte.

Standort: Durchlässige, frische bis feuchte Böden an eher kühlen Plätzen. Keine heißen Standorte wählen!

Pflege: An sonnigeren Stellen die Baumscheibe mulchen oder mit flach wurzelnden Bodendeckern bepflanzen.

Tipps: Bleibt zeitlebens klein und eignet sich daher sehr gut für kleine Gärten. Schön am Teich oder im Vorgarten.

Sorten: 'Atropurpureum', Blätter ganzjährig dunkelrot, 3–5 m; 'Dissectum', Laub fein zerschlitzt, hellgrün, 1,5–3 m; 'Dissectum Atropurpureum' (= 'Ornatum'), ähnlich, aber mit rotem Laub.

Schmetterlingsstrauch

(Buddleja davidii)

 2–4 m 7–10 ○

Bezaubernder und überreich blühender Schmetterlingsmagnet.

Wuchs: Trichterförmiger Strauch mit leicht überhängenden Trieben und graugrünen, lanzettlichen Blättern.

Blüte: Kleine, radförmige, duftende Blüten in sehr dichten kegelförmigen Rispen an den Triebenden in Violett, Weiß, Rot oder Rosa, selten Gelb.

Standort: Jeder normale Gartenboden.

Pflege: Die letztjährigen Triebe regelmäßig im Frühjahr stark zurückschneiden, damit sich junge Neutriebe bilden, die die Blüten tragen.

Tipps: Passt auch gut an den Rand eines Staudenbeetes.

Sorten: 'Black Knight', dunkelviolett, reichblütig, 'Pink Delight', rosa, mit großen Rispen; 'Peace', weiß, innen orange

Weißer Hartriegel

(Cornus alba 'Sibirica')

↕ 1,5–3 m   ✿ 5   ◯–◑

Dieser Strauch setzt auch im Winter klare Akzente.

Wuchs: Breitbuschiger Strauch mit sehr auffallender roter Rinde und gegenständigen, breit elliptischen Blättern.

Blüte: Kleine cremefarbene Blüten in kleinen Dolden an den Triebenden, im Herbst mit weißlichen bis blassblauen Beerenfrüchten.

Standort: Jeder normale Gartenboden.

Pflege: Im Alter verblasst die schöne Rinde; daher den Neuaustrieb alle paar Jahre durch Rückschnitt anregen. Ältere Sträucher nicht mehr scharf zurückschneiden.

Tipps: Wirkt gut in frei wachsenden Hecken sowie in Wassernähe. Die Triebe eignen sich gut für Trockensträuße.

Sorten: 'Spaethii', Gelbbunter Hartriegel, Blätter mit gelben Rändern und Flecken.

Perückenstrauch

(Cotinus coggygria)

↕ 1,5–2 m   ✿ 6–7   ◯

Das attraktive Laub und die auffallenden Fruchtstände machen ihn zum Blickfang.

Wuchs: Breitbuschiger, rundlicher Strauch, oft breiter als hoch, mit eiförmigen, grünen Blättern und leuchtend orangeroter bis roter Herbstfärbung.

Blüte: Sehr kleine gelbliche Blütchen in fedrigen Rispen an den Triebenden, die sich zu dicht behaarten, perückenartigen, gelbroten Fruchtständen entwickeln.

Standort: Normale, auch trockene Gartenböden in sonniger Lage.

Pflege: Die Sträucher wenig schneiden oder nur auslichten, damit sie ihre geschlossene Wuchsform entwickeln.

Tipps: Lässt sich aufgrund der Größe gut in Rabatten integrieren.

Sorten: 'Royal Purple', mit purpur- bis schwarzrotem Laub und rötlichen Fruchtständen.

Forsythie, Goldglöckchen

(Forsythia × intermedia)

↕ 2–3 m   ✿ 4–5   ◯–◑

Das weithin leuchtende Gelb ist aus Frühjahrsgärten kaum wegzudenken.

Wuchs: Aufrechter Strauch mit langen straffen, teils überhängenden Trieben und lanzettlichen Blättern, die nach der Blüte erscheinen.

Blüte: Glöckchenförmige Blüten aus vier Blütenblättern in leuchtendem Gelb, dicht an dicht direkt an den Trieben.

Standort: Alle normalen Gartenböden an im Frühjahr sonnigen, warmen Plätzen.

Pflege: Ältere Triebe in Bodennähe auslichten, alle 2–3 Jahre die Zweige nach der Blüte einkürzen.

Tipps: Wegen der dominanten Wirkung nur einzeln einsetzen. Schön in gemischter Blütenstrauchhecke zusammen mit Zwiebelblumen.

Sorten: 'Lynwood', leuchtend knallgelb, reich blühend; 'Spectabilis', tiefgelb, bewährte Sorte.

Hibiskus, Garten-Eibisch
(Hibiscus syriacus)

 1–2 m   ✿ 7–9   ◐–◑

Sommerlicher Schmuckstrauch mit malvenähn-lichen Blüten.

Wuchs: Straff aufrechter, langsam wachsender Strauch mit dreilappigen elliptischen Blättern.

Blüte: Sehr große trichterförmige Einzelblüten an den diesjährigen Trieben, in Rot, Rosa, Violett oder Weiß, auch gefüllt.

Standort: Nährstoffreiche, frische bis mäßig tro-ckene Gartenböden in etwas geschützter Lage.

Pflege: Kann in strengen Wintern zurückfrieren, treibt jedoch gut wieder aus. Jungen Pflanzen etwas Laubschutz geben. Rückschnitt im Frühjahr fördert den Blütenansatz.

Tipps: Ein Garten-Eibisch ist besonders als Soli-tärstrauch zu empfehlen.

Sorten: 'Blue Bird', blauviolett mit roter Mitte; 'Hamabo', rosa mit großer roter Mitte; 'Red Heart', weiß mit roter Mitte.

Bauern-Hortensie
(Hydrangea-Macrophylla-Hybriden)

1–1,5 m   ✿ 6–9   ◐–◑

Typischer Blütenstrauch für ländliche und roman-tische Gärten.

Wuchs: Aufrechter dichtbuschiger Strauch mit großen, frischgrünen, elliptischen Blättern.

Blüte: Meist große ballförmige Blütenstände aus sterilen vierzähligen Blüten, bei manchen Sorten auch schirmförmig und nur am Rand steril, in Rosa, Rot, Blau, Violett oder Weiß.

Standort: Nährstoffreiche, gleichmäßig feuchte Gartenböden.

Pflege: Verblühte Triebe erst im Frühjahr ent-fernen, sie wirken im Winter sehr attraktiv.

Tipps: Blaue Sorten brauchen sauren Boden und Alaun-Düngung.

Sorten: Im Handel sind zahlreiche Sorten, oft ohne Namen. 'Endless Summer', durchblühend
Weitere Art: *H. aspera* subsp. *sargentiana*, die **Samt-Hortensie**, aufrecht, mit schirmförmigen Blütenständen und großen samtigen Blättern, 2–3 m, blüht 7–8.

Stern-Magnolie
(Magnolia stellata)

2–3 m   ✿ 3–4   ○

Dieses kleine Blühwunder ist auch für kleine Gärten sehr zu empfehlen.

Wuchs: Breitbuschiger großer Strauch mit rund-licher Krone, langsam wachsend, mit schmal elliptischen Blättern, die erst nach den Blüten austreiben.

Blüte: Große, sternförmig ausgebreitete, duf-tende Blüten, weiß mit gelber Staubblattsäule in der Mitte.

Standort: Nährstoffreiche, frische bis mäßig feuchte Böden in geschützter Lage.

Pflege: Die Wurzeln sind empfindlich, daher nicht an der Baumscheibe graben.

Tipps: Nicht an Südseiten pflanzen, da dort zu früher Austrieb und Gefahr, dass die Blüten bei Spätfrost erfrieren. Günstiger sind Südost- oder Südwestlagen.

Sorten: 'Royal Star', großblütiger mit mehr Blüten-blättern, strahlend weiß.

Pfeifenstrauch, Falscher Jasmin

(Philadelphus-Hybriden)

⬆ 1,5–3 m   ❀ 6–7

Wegen des betörenden, an Jasmin erinnernden Duftes und der attraktiven Blüten eines der beliebtesten Blütensträucher.

Wuchs: Großer buschiger Strauch mit straff aufrechten Trieben und breit lanzettlichen, dunkelgrünen Blättern.

Blüte: Große, weiße, stark duftende Schalenblüten in büscheligen Trauben, auch gefüllt.

Standort: Jeder normale Gartenboden.

Pflege: Ältere Triebe etwa alle drei Jahre auslichten.

Tipps: Passt wunderbar in eine gemischte, frei wachsende Blütenhecke.

Sorten: 'Belle Étoile', sehr großblütig, weiß mit rötlicher Mitte; 'Lemoinei', etwas kleinere Blüten mit starkem Duft; 'Virginal', groß- und reichblütig, gefüllt, straff aufrechter Wuchs. Teilweise werden diese Sorten im Handel als *P. coronarius*-Sorten geführt.

Zuckerhut-Fichte

(Picea glauca 'Conica')

⬆ 1–3 m   ❀ 5

Einer der wenigen wirklich dauerhaft klein bleibenden und dennoch attraktiven Nadelbäume für den Garten.

Wuchs: Kleiner, sehr langsam wachsender Baum mit ebenmäßig kegelförmigem Umriss und weichen frischgrünen Nadeln.

Blüte: Unscheinbar, in kleinen Zapfen.

Standort: Normale, frische bis feuchte Gartenböden. Lufttrockene Plätze (z. B. vor heißen Südwänden oder unter einem Vordach) meiden!

Pflege: Braucht keinen Schnitt, um die klare Form beizubehalten. Bei Trockenheit wässern.

Tipps: Bei Lufttrockenheit anfällig für Spinnmilben, daher den Standort sorgfältig auswählen. Eignet sich gut, um einen formalen Akzent zu setzen.

Lorbeer-Kirsche, Kirschlorbeer

(Prunus laurocerasus)

⬆ 0,5–3 m   ❀ 5–6

Eine der besten Immergrünen – mit ganzjährig attraktivem, stets sauber wirkendem Laub.

Wuchs: Breitbuschiger Strauch mit immergrüner, dichter Belaubung aus großen, elliptischen, glänzend dunkelgrünen Blättern.

Blüte: Kleine, radförmige, cremeweiße Blüten in aufrechten kerzenförmigen Trauben über dem Laub.

Standort: Nährstoffreiche, humose, mäßig trockene bis mäßig feuchte Böden.

Pflege: Rückschnitt möglichst im Frühjahr vornehmen.

Tipps: Wird meist als Solitär oder zur Flächenbegrünung verwendet, in milden, luftfeuchten Lagen auch als Schnitthecke.

Sorten: 'Otto Luyken', nur ca. 1 m hoch, reich blühend; 'Schipkaensis Macrophylla', 2–3 m, großblättrig, mit langen Blütenkerzen, als Sichtschutz und für Hecken verwendbar.

Zier-Kirsche
(Prunus serrulata)

 3–6 m 4–5

Einmaliges Blühwunder aus Japan, im Herbst schöne gelborange Laubfärbung.

Wuchs: Kleiner Baum mit trichter-, säulenförmiger oder ausgebreiteter Krone, teils mit überhängenden Zweigen, und elliptischen, zugespitzten Blättern.

Blüte: Schalenförmige Blüten in dichten Büscheln, weiß oder rosa, auch gefüllt, erscheinen vor den Blättern.

Standort: Nährstoffreiche, frische bis mäßig feuchte Böden.

Pflege: Zu dicht stehende Zweige auslichten.

Tipps: Passt wunderbar in den Vorgarten oder in kleine Gärten, darf in keinem japanischen Garten fehlen.

Sorten: 'Amanogawa', säulenförmig, zartrosa, leicht gefüllt; 'Kanzan', trichterförmig, kräftig rosa, dicht gefüllt; 'Shirofugen', trichterförmig bis ausgebreitet, reinweiß, später rosa, dicht gefüllt; 'Shirotae' (= 'Mount Fuji'), ausgebreitet, reinweiß, ungefüllt bis leicht gefüllt, duftend.

Rhododendron, Azalee
(Rhododendron-Hybriden)

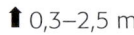 0,3–2,5 m 5–6

Sicher die schönsten Blüher unter den immergrünen Laubgehölzen.

Wuchs: Aufrechte breite Büsche bis niedrige kompakte Kissen, langsam wachsend, immergrün (Rhododendren) oder sommergrün (viele Azaleen), mit elliptischen, ledrigen, glänzenden Blättern.

Blüte: Trichter- bis glockenförmig in dichten oder lockeren, kugeligen Dolden, bei Japanischen Azaleen den ganzen Strauch völlig bedeckend, in Rot, Rosa, Violett, Weiß, Gelb.

Standort: Humose, lockere, gleichmäßig feuchte, saure Böden.

Pflege: Bei Bedarf wässern, Verblühtes ausbrechen, nicht im Wurzelbereich graben (Flachwurzler!), nicht schneiden.

Tipps: Kalkverträglicher sind die Inkarho®- und die *R.*-Yakushimanum-Hybriden.

Sorten: Das Sortiment ist riesig und unüberschaubar. Lassen Sie sich im Handel beraten.

Robinie, Scheinakazie
(Robinia pseudoacacia)

 3–20 m 5–6 ○

Hausbaum mit schönem Blütenschmuck.

Wuchs: Großer Baum mit rundlicher bis kuppelförmiger Krone und bedornten Trieben mit aus elliptischen Blättchen zusammengesetzten Fiederblättern. Die Sorten bleiben deutlich kleiner als die Art.

Blüte: Weiße Schmetterlingsblüten in langen, hängenden Trauben, intensiv süß duftend.

Standort: Alle normalen, nicht verdichteten oder zu schweren Böden.

Pflege: Auch stärkerer Rückschnitt wird gut vertragen.

Tipps: Die klein bleibende Kugel-Robinie eignet sich hervorragend für kleine Flächen und setzt in formalen Gärten klare Akzente.

Sorten: 'Frisia', <u>Gold-Robinie</u>, relativ schmale Krone, 5–8 m, gelbes, im Herbst goldgelbes Laub; 'Umbraculifera', <u>Kugel-Robinie</u>, (siehe Foto), mit breit kugelförmiger Krone, nur 3–5 m, nicht blühend.

Flieder

(Syringa vulgaris)

⬆ 2–3 m   ❀ 5–6   ○

Der herrlich duftende Blütenschmuck ist im Bauerngarten unverzichtbar.

Wuchs: Aufrechter Strauch mit steifen, teils überhängenden Trieben, Ausläufer bildend, gegenständige, herzförmige Blätter.

Blüte: Kleine, radförmige Blüten aus 4 Blütenblättern, in sehr dichten, länglichen Rispen, violett, rosa, rot, weiß, selten gelb, auch gefüllt, stark duftend.

Standort: Mäßig trockene bis frische, lockere, kalkhaltige Böden.

Pflege: Ausläufer am Ansatz abschneiden. Bei Bedarf auslichten.

Tipps: In der Vase halten die Blüten länger, wenn man die holzigen Triebe etwas weich klopft.

Sorten: 'Andenken an Ludwig Späth', purpurrosa; 'Mme Lemoine', weiß, gefüllt.
Weitere Art: *S. microphylla*, kleinblättrig, insgesamt zarter, 1–1,5 m hoch, blüht rosa 5–6 mit Nachblüte –10, stark duftend.

Duft-Schneeball

(Viburnum × bodnantense)

⬆ 1,5–2,5 m   ❀ 11/3–4   ○–◑

Erfreut in der blütenarmen Zeit mit aparten duftenden Blüten.

Wuchs: Kleiner breitbuschiger Strauch mit sparrigen Trieben und eiförmigen Blättern, rote Herbstfärbung.

Blüte: Trichterförmige tief- bis weißrosa Blüten in dichten kleinen Büscheln an den noch kahlen Trieben, intensiv duftend.

Standort: Normale, frische bis mäßig trockene Gartenböden.

Pflege: Nicht schneiden, entwickelt sich ungeschnitten am besten.

Tipps: Lässt sich gut mit frühjahrsblühenden Zwiebelblumen unterpflanzen, etwa Blausternen, Wildtulpen oder Schneeglöckchen.

Sorten: 'Dawn', häufigste Sorte, wie die Art.
Weitere Art: *V. opulus* 'Roseum' (= 'Sterile'), Gefüllter Schneeball, 1,5–2,5 m hoher Strauch mit weißen, dicht gefüllten Blütenkugeln und kleinen ahornähnlichen Blättern, blüht 5–6.

Weigelie

(Weigela-Hybriden)

⬆ 2–3 m   ❀ 5–6   ○–◑

Blütenreich und pflegearm, gehört die Weigelie zum Standard-Repertoire der Blütensträucher für den Garten.

Wuchs: Aufrechter, buschiger Strauch mit langen, überhängenden Trieben und elliptischem, zugespitztem Laub.

Blüte: Trichter- bis glockenförmig, dicht an dicht über den Blättern, in Rot, Rosa oder Weiß.

Standort: Jeder normale Gartenboden.

Pflege: Braucht außer einem Auslichten älterer Triebe etwa alle 3–4 Jahre keine Pflege.

Tipps: Schön sowohl als Einzelstrauch als auch in einer Blütenhecke.

Sorten: 'Bristol Ruby', leuchtend rubinrot; 'Eva Rathke', dunkelrot.
Weitere Art: *W. florida*, ähnlich, aber etwas größer, 2,5–3,5 m, mit rosaweißen Blüten, blüht ebenfalls 5–6; 'Purpurea', Blüten dunkelrosa, Blätter braunrot, nur bis 1,5 m hoch.

Kletterpflanzen – hinauf ins Land der ungeahnten Möglichkeiten

Ihr größter Vorteil: Sie wachsen in die Höhe! Selbst der kleinste Garten lässt sich durch Kletterpflanzen in einen grünen, blühenden Dschungel verwandeln. Und je kleiner der Garten, desto wichtiger ist es, dass wir hoch hinauswollen. Ein kleiner Stadtgarten hat oft mehr Wand- und Zaun- als Grundfläche. Ein

Jammer, sie ungenutzt zu lassen. Der Luftraum ist zwar nicht unbegrenzt, aber flexibler als Länge und Breite des Gartens. Bleibt die Tiefe. Aber was nützen 20 m Boden unter uns? Ungeachtet dessen sorgen Kletterpflanzen für eine natürliche Verbindung von Haus und Garten.

■ Eine Pergola, berankt mit einer Anemonen-Waldrebe, wirkt luftig und transparent.

Oft hat man Bäume mitgekauft oder -geerbt. Ob sie immer schön sind, bleibt dahingestellt. Dennoch darf (wegen einer Baumschutzsatzung) oder möchte man sie (aus Respekt vor dem Gewachsenen) häufig nicht entfernen. Also lebe ich mit den »Alten«. Und zwar ganz hervorragend mit Kletterpflanzen. Sie glauben gar nicht, wie zauberhaft es aussieht, wenn eine Ramblerrose (siehe »Rosen«) einen alten Obstbaum zum zweiten Mal erblühen lässt oder ein Geißblatt sich durch eine knorrige Krone schlingt, gefolgt von den Blütenmassen einer Clematis. Stimmen Sie die Blütezeit der Kletterpflanzen mit der ihres »Gastgebers« ab. Das gibt doppelten Genuss.

Das größte Blütenspektakel veranstaltet in unserem Garten die Japanische Glyzine (Wisteria floribunda). Ihre 60 cm langen Blütentrauben (das ist kein Witz) sind eine Wonne im Mai – und erst der Vanilleduft!

Hat man einmal »Blut geleckt« und schaut sich seinen Garten mit dem »Kletterpflanzenblick« an, wird man noch viele Möglichkeiten entdecken. In einem sehr kleinen Garten z. B. lässt sich eine »Pseudo-Hecke« errichten: Beranken Sie einen Zaun mit Efeu. Eine schmalere Hecke gibt es nicht. Ein Schnitt unterstützt diesen Effekt noch.

Um Schäden durch Kletterpflanzen zu vermeiden, muss man sie unter Kontrolle behalten. Nicht in Dachrinnen und um Regenrohre wachsen lassen! Auch nicht Efeu in eine Baumkrone. Eine Clematis würde ihr nichts ausmachen. Eine verholzende Kletterpflanze aber wird immer ihre Stütze besiegen.

Kletterpflanzen klettern, weil sie zum Licht wollen. Die meisten sind Waldpflanzen, die Bäume und Sträucher als »Leiter« für ihren Weg nach oben benutzen. Ihre Wurzeln sind an Kühle und Schatten gewöhnt. Das hätten sie natürlich auch gern im Garten. Eine Wand dagegen gibt selten Schatten, dafür extreme Trockenheit. Keinen natürlichen Humus durch Laub im Boden, dafür Staub, eventuell auch Bauschutt. Und an einer Südwand – der Traum aller Gartenbesitzer – wird die Pflanze im Sommer »gegrillt«.

Manche klettern aus eigener Kraft. Andere brauchen eine Stütze. Efeu mit seinen Luftwurzeln und Wilder Wein mit kleinen Haftscheiben haben sich Baumstämme als natürliche Stützen ausgesucht. Wände sind gar nicht so unähnlich, wenn sie rau sind. Die gebräuchlichste Art, sich in die Höhe zu begeben, ist schlingend. Geißblatt, Glyzine und Hopfen gehören dazu. Sie brauchen eine Kletterhilfe. Für Rosen reicht eine Kletterhilfe allein nicht aus. Sie müssen zusätzlich aufgebunden werden. Das ist nicht schwer, macht aber Arbeit. Für eine starkwüchsige Pflanze wie eine Glyzine ist unbedingt ein stabiles Gerüst wichtig. Es ist kein Vergnügen, wenn es nach einiger Zeit durch das enorme Gewicht der Pflanze aus der Wand bricht. Ich weiß, wovon ich rede. Und möchte Ihnen diesen Schock ersparen. Die Glyzine wiederum kann einem zarteren Kletterer Halt geben. Wie einer Clematis mit ihren Ranken.

So vielseitig zu verwenden wie Kletterpflanzen ist kaum eine andere Gruppe. Allein mit **Clematis** kann man sich fast das ganze Jahr an Blüten erfreuen. Mit unterschiedlichen Arten, nicht mit einer! In schönster Harmonie mit Rosen wohl die gebräuchlichste Klettergemeinschaft. Wunderschön ist die Wirkung der **Glyzinen**blüten, wenn sie sich in Wasser spiegeln. Nur, wer hat schon ein Brückengeländer im Garten! Aber an einem Zaun entlang gezogen, ist auch nicht zu verachten. Zumal sie, so gezogen, schon in jungen Jahren

blühen wird. Ob an einer Hauswand, einer Pergola oder einem starken Pfosten – erlauben Sie der Glyzine nicht, unkontrolliert in die Höhe zu wachsen. Sie braucht ihre Grenze, damit sie blüht.

Zudecken möchte man nur etwas Unschönes. **Knöterich** löst das Problem, schnell und dicht. In einem kleinen Garten entsteht dadurch aber ein neues: Er ist nicht zu bändigen.

Eine der starkwüchsigsten Kletterpflanzen überhaupt ist der **Wilde Wein**. Er kann im Laufe der Jahre mühelos eine ganze Hauswand bekleiden, den Zaun zum Nachbarn dazu, und auch noch das Haus des Nachbarn, wenn es diesem gefällt. Ohne jegliche Pflege: kein Wässern, kein Düngen, kein Schneiden, kein Spritzen. Aber Vorsicht! Seine Wurzeln erdrosseln regelrecht die Wurzeln anderer Pflanzen in seiner Nähe. Eine stabile Wurzelsperre gebietet ihm Einhalt. Überlegen Sie sich gut, ob Sie wirklich zwei Pflanzen brauchen.

■ Weinreben bieten mit leckeren Früchten Genuss für Auge und Gaumen.

Pfeifenwinde
(Aristolochia macrophylla)

↑ 3–12 m   ❀ 6–8   ◑–●

Sehr starkwüchsige Schlingpflanze, die tropisches Flair in den Garten zaubert.

Wuchs: Rasch wachsende Schlingtriebe mit sehr großen, herzförmigen, frischgrünen Blättern.

Blüte: Gelbgrüne bis bräunliche, pfeifenähnlich gebogene Blüten, die im Laub versteckt bleiben.

Standort: Nährstoffreiche, frische bis feuchte Böden.

Pflege: An einem stabilen Rankgerüst ziehen. Bei Trockenheit wässern. Kann bei Bedarf auch scharf zurückgestutzt werden.

Tipps: Ideal zur schnellen Begrünung von Pergolen, Lauben und überdachten Eingängen.

Anemonen-Waldrebe, Berg-Waldrebe
(Clematis montana)

↑ 3–8 m   ❀ 5–6   ○–◑

Entzückender Blüher, der rasch unschöne Stellen im Garten verdeckt.

Wuchs: Rankpflanze mit starkwüchsigen Trieben und gefiedertem Laub aus elliptischen Teilblättchen.

Blüte: Sternförmig mit vier ausgebreiteten Blütenblättern in Rosa oder Weiß und einem zentralen Staubblattbüschel.

Standort: Nährstoffreiche, gleichbleibend frische bis mäßig feuchte Böden.

Pflege: Ca. 5 cm tiefer einpflanzen als beim Kauf. Braucht eine Rankhilfe. Bei Trockenheit rechtzeitig wässern (Vorbeugung gegen Clematis-Welke). Rückschnitt – falls nötig – nach der Blüte.

Tipps: Clematis liebt einen beschatteten Fuß – daher mulchen oder mit flach wurzelnder Unterpflanzung kombinieren.

Sorten: 'Rubens' (auch var. *rubens*), kräftig rosa, sonst wie die Art; 'Superba', weißlich-rosa.

Italienische Waldrebe
(Clematis-Viticella-Hybriden)*

↑ 2–4 m   ❀ 6–9   ○–◑

Üppiger Blütenschmuck und dennoch robust und pflegeleicht.

Wuchs: Rankpflanze mit mittelstark wachsenden Trieben und in elliptische Teilblättchen gefiederten Blättern.

Blüte: Radförmig mit breiten Blütenblättern oder glockig, in Weiß, Rosa, Rot, Violett, auch zweifarbig und gefüllt.

Standort: Nährstoffreiche, gleichbleibend frische bis mäßig feuchte Böden.

Pflege: Wie bei Anemonen-Waldrebe.

Tipps: Wegen der gleichzeitigen Blüte sind sie ebenso wie die Großblütigen Waldreben wunderbare Partner zu Kletterrosen.

Sorten: 'Alba Luxurians', weiß; 'Étoile Violette', leuchtend violett; 'Prince Charles', hellblau.

Weitere Art: <u>*C.*-Hybriden, Großblütige Waldreben</u>, sehr großblütig in Weiß, Rosa, Rot, Braun oder Violett, auch gefüllt, 2–5 m, etwas empfindlicher, blühen 6–9; z. B. 'Jackmanii', tiefviolett; 'Nelly Moser', rosa mit roten Streifen; 'Niobe', weinrot.

Kletter-Spindelstrauch

(Euonymus fortunei)

⬆ 40–300 cm ✿ 6–7   ◯–◑–●

Langsam wachsender robuster Kletterer mit buntem immergrünem Laub.

Wuchs: Kriechend und mit Haftwurzeln selbst kletternd, immergrün mit elliptischen Blättern in je nach Sorte unterschiedlicher Färbung.

Blüte: Sehr kleine, unscheinbar gelbgrüne Blüten. Falls Früchte gebildet werden: Die Samen sind sehr giftig!

Standort: Alle nährstoffreichen, nicht zu trockenen Gartenböden.

Pflege: Keine Pflege nötig. An Spanndrähten klettert der Spindelstrauch schneller empor. In rauen Lagen etwas Winterschutz geben.

Tipps: Gut zum Klettern an Hauswänden mit rauem Putz oder zum Verdecken unschöner Flächen.

Sorten: 'Coloratus', großblättrig, raschwüchsig; 'Emerald Gaiety', Blätter weiß berandet; 'Emerald 'n' Gold', Laub mit breitem goldgelbem Rand.

Schlingknöterich

(Fallopia aubertii, Syn.: *Polygonum aubertii)*

⬆ 2– über 5 m ✿ 7–10   ◯–◑

Kletterpflanze mit dem größten Jahreszuwachs (»Architektentrost«), die sich jedoch gut im Zaum halten lässt.

Wuchs: Sehr stark und rasch wachsende Schlingpflanze mit langen Trieben und herz-eiförmigen Blättern.

Blüte: Kleine weiße Blütchen in dichten Rispen über dem Laubteppich.

Standort: Alle Gartenböden.

Pflege: Benötigt eine Kletterhilfe, sonst kaum Pflegebedarf, kann gut zurückgeschnitten werden, da sie nur an den jungen (diesjährigen) Trieben blühen.

Tipps: Benötigt Platz, daher an Stellen verwenden, wo man ihn nicht laufend stutzen muss. Gut zur Begrünung von Pergolen, Carports oder Zäunen.

Efeu

(Hedera helix)

⬆ 2– über 5 m ✿ 9–10   ◑–●

Robust und natürlich wirkend, sorgt der Efeu ganz von allein für ein grünes Kleid.

Wuchs: Selbstkletterer (klettert mit Haftwurzeln) mit stark verholzenden Trieben und 3- bis 5-lappigen, im Alter rautenförmigen, immergrünen Blättern.

Blüte: Kleine, grüngelbe, duftende Blüten in rundlichen Dolden, schwarze Beerenfrüchte. Erst die Altersform blüht.

Standort: Jeder nicht zu trockene Gartenboden.

Pflege: Keine Pflege nötig.

Tipps: Nicht in Risse an der Hauswand klettern lassen!

Sorten: Es gibt zahlreiche Sorten im Handel, wobei die weiß oder gelb gefleckten Formen weniger frosthart sind (im Winter abdecken bzw. absonnig pflanzen), u. a. 'Goldheart', Blätter in der Mitte mit großem weißgelbem Fleck.

Hopfen
(Humulus lupulus)

⬆ 3–8 m ✿ 7–8 ○–◑

Schlingende Staude mit sehr dekorativem, stets sauber wirkendem Laub.

Wuchs: Stark wachsender Schlinger, dessen Triebe im Herbst absterben und im Frühjahr aus dem Wurzelstock neu austreiben. Charakteristische, handförmig gelappte Blätter.

Blüte: Männliche Pflanzen blühen unscheinbar, weibliche in rundlichen Trauben, die später kleine, zapfenartige, attraktive Früchte bilden.

Standort: Nährstoffreicher, lockerer Gartenboden.

Pflege: Die Triebe im Herbst oder Frühjahr bodennah zurückschneiden. Ausreichend wässern und düngen.

Tipps: Als Kletterhilfe sind gespannte Drähte, ein Rosenbogen oder Obelisk geeignet.

Sorten: 'Aureus' hat goldgelbe Blätter.

Kletter-Hortensie
(Hydrangea anomala subsp. *petiolaris)*

⬆ 3–12 m ✿ 6–7 ◑–●

Pflegeleichter Kletterer mit malerischen Blütenschirmen.

Wuchs: Selbstkletterer mit Haftwurzeln, wächst auch schlingend oder (ohne Stütze) am Boden kriechend, am Anfang nur langsam, mit herz- bis eiförmigen, ledrigen Blättern.

Blüte: Sehr kleine Einzelblüten und ein Kranz steriler vergrößerter Randblüten bilden große, schirmförmige, weiße Dolden mit angenehmem Duft.

Standort: Nährstoffreiche, durchlässige, frische bis mäßig feuchte Böden in kühler, nicht direkt besonnter Lage.

Pflege: Braucht keine Pflege.

Tipps: Kann sowohl zur Begrünung älterer Bäume wie zur Verkleidung unschöner Wände verwendet werden, sogar als Bodendecker.

Wald-Geißblatt
(Lonicera periclymenum)

⬆ 3–5 m ✿ 5–7 ○–◑

Wunderhübscher Schlinger mit betörendem abendlichem Blütenduft.

Wuchs: Wuchskräftige Schlingpflanze mit gegenständigen, elliptischen, tiefgrünen Blättern.

Blüte: Lippenblüten mit längerer Röhre, zweifarbig mit gelblicher oder rötlicher Krone und roter Röhre in Quirlen an den Triebenden. Duftet abends intensiv.

Standort: Jeder normale nährstoffreiche Gartenboden.

Pflege: Benötigt als Kletterhilfe ein Rankgerüst oder Drähte. Kann auch zurückgeschnitten werden.

Tipps: Für einen abendlichen Sitzplatz sehr zu empfehlen.

Sorten: 'Serotina', reichblütiger und wuchsstärker als die Art.

Weitere Art: *L.* × *heckrottii*, **Feuer-Geißblatt**, wuchsstärker, mit zahlreichen karminroten, innen gelblichen, duftenden Blüten und breit elliptischen Blättern, 2–5 m, blüht 6–10.

Wilder Wein, Jungfernrebe
(Parthenocissus tricuspidata)

⬆ 10–15 m ❀ 6–7 ◐–◑

Weitverbreitete Hauswandbekleidung, die im Herbst mit äußerst attraktivem Farbspiel aufwartet.

Wuchs: Sehr wuchskräftiger Selbstkletterer mit Haftscheiben an Ranken und tief dreifach gelapptem Laub, frischgrün, mit orange- bis feuerroter Herbstfärbung.

Blüte: Unauffällige gelbgrüne Blütchen in doldenartigen Blütenständen.

Standort: Jeder normale nahrhafte Gartenboden.

Pflege: Braucht keine Pflege und kann jederzeit zurückgeschnitten werden. Regenrinnen und Fallrohre frei halten.

Tipps: Vor der Pflanzung Putz auf Risse überprüfen, bei Bedarf ausbessern.

Sorten: Im Handel ist fast ausssschließlich die Sorte 'Veitchii' erhältlich.
Weitere Art: *P. quinquefolia*, mit 5-fach gefingerten Blättern, tiefrote Herbstfarbe, 10–15 m, blüht 7–8, danach blauschwarze Beeren.

Weinrebe
(Vitis vinifera)

⬆ 3–10 m ❀ 6–7 ◯

Wer kann der Verlockung eigener Trauben aus dem Garten widerstehen?

Wuchs: Mit Ranken stark kletterndes Gehölz mit handförmig gelapptem Laub und gelber bis roter Herbstfärbung.

Blüte: Unscheinbare, winzige, gelbliche Blüten in aufrechten Trauben, danach saftige Beerenfrüchte.

Standort: Tiefgründiger, nährstoffreicher, lockerer Gartenboden an warmen, geschützten Plätzen.

Pflege: Boden vor dem Pflanzen tiefgründig lockern und verbessern. Braucht zum Klettern ein Spalier oder Rankgerüst. Die Seitentriebe sollen waagerecht gezogen werden, Früchte tragende Triebe im folgenden Winter scharf zurückschneiden.

Tipps: Besonders für Sitzplatz und Laube am Haus zu empfehlen.

Sorten: Im Handel sind verschiedenste Sorten erhältlich. Fragen Sie nach Lokalsorten, die in Ihrem Klima gut gedeihen und fruchten.

Glyzine, Japanischer Blauregen
(Wisteria floribunda)

⬆ 3–8 m ❀ 5–6 ◯–◐

Eine der attraktivsten Klettergehölze mit zauberhaften duftenden Blütenkaskaden.

Wuchs: Sehr wuchsstarker Schlinger mit im Alter dicken holzigen Trieben und gefiedertem Laub.

Blüte: Violett oder weiß, in langen (bis über 50 cm!) schlanken Trauben, erscheinen noch vor dem Laub.

Standort: Nährstoffreiche, durchlässige, frische bis mäßig feuchte Böden.

Pflege: Starke Drahtseile oder Stangen als Kletterhilfe geben. Im Sommer Seitentriebe auf 5 Augen zurückschneiden, im Winter nochmals einkürzen.

Tipps: Keine Sämlingspflanzen kaufen, da diese deutlich später blühen. Unbedingt Regenrinnen und Fallrohre von den Schlingtrieben frei halten.

Sorten: 'Alba' blüht weiß.
Weitere Art: *W. sinensis*, ähnlich, aber mit kürzeren, breiteren Blütentrauben, noch wüchsiger, 3–10 m, blüht ebenfalls 5–6.

Rosen – Symbol der Liebe, die auch selbst geliebt werden wollen

Rosen und Menschen haben eines gemeinsam: nur mit Liebe können sie sich vollkommen entfalten. Beide haben auch eine lange Geschichte. Keine Angst, ich fange nicht bei Adam und Eva an, aber das eine oder andere hilft, Verhalten, Bedürfnisse und Pflege besser zu verstehen.

■ Ein Garten mit solch üppigen Strauchrosen muss kein unerfüllter Traum bleiben.

Seit den Griechen, Römern und Persern blühten Rosen nur **einmal im Jahr,** in zarten Tönen und mit herrlichem Duft. Sie waren völlig gesund. Ende des 18. Jahrhunderts gab es einen Wendepunkt in der Geschichte der Rosen: China-Rosen kamen in den Westen. Das Besondere an ihnen war: Sie blühten mehrmals im Jahr. Auch sie waren verhältnismäßig frei von Krankheiten. Erst durch das Kreuzen der alten europäischen Rosen mit den China-Rosen wurden die Rosen anfällig. Seit Mitte des 19. Jahrhunderts konzentrierte man sich auf die Entwicklung öfterblühender Sorten, mit kräftigeren Farben, größeren Blüten und Haltbarkeit als Schnittblumen. Für die alten Sorten bestand Gefahr, verdrängt zu werden. Heute wiederum gibt es eine Renaissance der Alten Rosen.

Die wichtigste Unterscheidung für den Gärtner ist, ob es sich um öfterblühende Rosen handelt oder um einmalblühende. In einem kleinen Garten ist man geneigt, sich möglichst viele öfterblühende Rosen zuzulegen. Warum eigentlich? Auch ein Flieder blüht nur einmal, ebenso Schneeglöckchen, Tulpen, Pfingstrosen usw. Nur von einer Rose erwartet man, dass sie ewig blüht. Karl Foerster, der bekannte Staudengärtner, sagte: »Auch ein Konzert dauert nicht ewig.« Durch die angezüchtete Perfektion ging viel vom Charme verloren. Und von der Gesundheit. Einmalblühende Rosen sind winterhärter und weniger anfällig für Krankheiten. Kein Wunder: Sie sind nicht dem Stress des »Ständig-blühen-Müssens« ausgesetzt.

Rosen lassen sich fast überall integrieren. Sie sind in Kombination mit anderen Pflanzen, wie Lavendel, Falschem Jasmin, Rittersporn usw., weit weniger anfällig für Pilzkrankheiten als in reinen Rosenbeeten. Sie lieben die Sonne, einen freien, luftigen Standort und nährstoffreichen Boden.

Rosen sind Gehölze, und eigentlich als solche einfach schön. Verwirrend ist allerdings, dass es so viele Gruppen gibt.

■ **Alte Rosen** blühen in der Regel einmal im Jahr, haben dicht gefüllte, nostalgisch wirkende Blüten, zarte Farben und einen unvergleichlichen Duft. Ob Alba-Rosen mit äußerst gesundem Laub ('Königin von Dänemark'), Damaszener-Rosen mit herrlichem Duft ('Mme Hardy') oder Gallica-Rosen mit intensiven Farben ('Charles de Mills') – sie alle harmonieren in ihren Farben miteinander. Sie sind widerstandsfähig gegen Krankheiten und brauchen nicht mehr Schnitt als andere »Nicht-Rosen-Sträucher« (tote Triebe entfernen, lange Triebe nach der Blüte um ein Drittel kürzen). Alte Rosen sind auch ohne Blüten als Strauch schön – als Solitär oder Hecke. Mit unterschiedlichen Sorten lässt sich die Blütezeit von Mai bis in den Herbst »verlängern«.

■ **Englische Rosen** verdanken wir dem englischen Züchter David Austin. Ihm ist es gelungen, den Charme und Duft der Alten Rosen mit dem Öfterblühen der modernen Rosen zu vereinen. Farben wie Orange und Gelb ('Graham Thomas') kamen hinzu.

■ Als **Strauchrosen** bezeichnet man alle hoch und buschig wachsenden Rosen, ob einmal- oder öfterblühend. **Öfterblühende Strauchrosen** blühen wiederholt bis in den Spätherbst hinein. Ihr Wuchs ist unterschiedlich. Bei den Farben bleibt kaum ein Wunsch offen. Eine der bekanntesten ist 'Schneewittchen'. Ob einzeln, in Rabatten oder auf Hochstamm als Kaskadenrose sind sie sehr vielseitig. Niedrige Strauchrosen, die eher breit als hoch wachsen, z. B. 80 cm hoch und 2 m breit, werden als **Bodendeckerrosen** bezeichnet. Sie blühen ebenfalls öfter, lassen an Böschungen kein Unkraut hochkommen und eignen sich auch für Hochstämme ('The Fairy'). Die Bezeichnung »Bodendeckerrosen« war von Anfang an umstritten, da keine Rose wirklich als Bodendecker bezeichnet werden kann. In der neuen Gruppe der **Kleinstrauchrosen** werden die ehemaligen Bodendeckerrosen und andere niedrig bleibende Strauchrosen zusammengefasst.

■ **Beetrosen** sind buschig wachsende Rosen, die in größeren Gruppen gepflanzt werden und öfter blühen. Ihre Wirkung erhöht sich mit der Stückzahl. Für sehr kleine Gärten ein Problem. **Edelrosen** haben elegante Knospen und große, perfekte, meist einzelne Blüten an langen Stielen. Sie wirken am besten aus der Nähe ('Duft-

rausch'). **Floribunda-Rosen** blühen in Büscheln. Sie haben in der Regel locker gefüllte Blüten ('Bonica '82') und wirken gut aus der Ferne.

■ **Kletterrosen** schicken lange Triebe in die Höhe, in der Hoffnung, irgendwo eine Stütze zu finden. Ihre Stacheln helfen, sich festzuhalten. Kletterrosen haben wenige starke, straffe Triebe. Je nach Sorte blühen sie einmal oder öfter, die Blüten stehen einzeln oder in Büscheln in vielen Farben, oft Rot ('Santana'). Sie bevorzugen Südwest-Wände und Mauern mit Kletterhilfen sowie Spaliere und Bögen.

■ **Ramblerrosen** sind auch Kletterrosen, haben aber weiche, lange Triebe und brauchen nur eine Starthilfe, um in Bäume zu klettern. Sie haben kleinere Blüten in üppigen Büscheln, oft weiß und duftend. Sie blühen in der Regel nur einmal – aber verschwenderisch. Sie eignen sich auch für Mauern und Böschungen und auf Stamm als Trauerrose.

■ Wer möchte nicht unter dieser üppig blühenden Kletterrose ein Mußestündchen einlegen?

Beetrosen und Edelrosen

Beide Gruppen haben in den letzten hundert Jahren fast ausschließlich das Bild der Rosen geprägt. Sie werden etwa 70 cm bis 1,20 m hoch und blühen öfter im Jahr. Für formelle flächige Pflanzungen (Rosenbeete). Durch ständiges »Öfter-blühen-Müssen« und einseitige Bodenbeanspruchung sind viele leider anfällig für Krankheiten. Die hier vorgestellten sind jedoch robuste, pflegeleichte Sorten. Ihre Blütezeit beginnt erst ab Mitte Juni.

Name	'Bonica '82'	'Duftrausch'	'Friesia'	'Mirato'	'Montana'	'Rosenprofessor Sieber'
Züchter	Meilland (1982)	Tantau (1986)	Kordes (1973)	Tantau (1990)	Tantau (1974)	Kordes (1997)
Gruppe	öfterblühende Beetrose	öfterblühende Edelrose	öfterblühende Beetrose	öfterblühende Beetrose	öfterblühende Beetrose	öfterblühende Beetrose
Höhe	50–80 cm	80–100 cm	60–80 cm	40–60 cm	80–90 cm	60–80 cm
Blüte	Mittelgroß, zart bis kräftig rosa, halb gefüllt bis gefüllt, ohne Duft.	Große Blüten in Violettrosa, dicht gefüllt, mit herrlichem Duft.	Mittelgroß, früh blühend, leuchtend goldgelb, locker gefüllt, mit starkem Duft.	Mittelgroß, leuchtend pinkrosa, halb gefüllt, in reichblütigen Büscheln, ohne Duft.	Groß, leuchtend rot und nicht verblassend, halb gefüllt.	Mittelgroß, porzellanrosa, halb gefüllt, in Büscheln, mit Wildrosenduft.
Wuchs	Breitbuschig mit gesundem, kräftig grünem, robustem Laub.	Straff aufrechte Büsche mit dunkelgrünem, kräftigem Laub.	Aufrechte, kompakte, stark verzweigte Büsche mit dunkelgrünen Blättern.	Breitbuschig mit dunkelgrünem, ledrigem, sehr robustem Laub.	Straff aufrechte, relativ hohe Büsche mit sehr gesundem Laub.	Kräftige Büsche mit dunkelgrünem, glänzendem, sehr gesundem Lauf.
Tipps	Sehr gesunde und regenfeste, pflegeleichte Sorte, die sich vielseitig verwenden lässt. ADR-Rose 1982*.	Robuste Edelrose, sehr schön für langstieligen Schnitt. Die Blüten eignen sich gut für Potpourries.	Eine der besten gelben Beetrosen, mit ungeheurer Leuchtwirkung. Wirkt auch schön als Stammrose.	Unglaublich zäher Dauerblüher, der bis zum Frost Blüten ansetzt. Auch als Bodendecker verwendbar. ADR-Rose 1993.	Am besten gruppenweise pflanzen. Das klare Rot lässt sich gut mit Stauden kombinieren.	Vielseitig verwendbarer Dauerblüher mit gut verträglicher Blütenfarbe. ADR-Rose 1996.

* ADR-Rose = besonders robuste Sorte, hat die **A**llgemeine **D**eutsche **R**osenneuheitenprüfung im Jahr 1983 bestanden.

Alte Rosen und Englische Rosen

Die Vorgänger der Beet- und Edelrosen waren seit Jahrtausenden **einmalblühende Strauchrosen** in Weiß, Rosa und Purpur, mit einem unvergleichlichen Charme und herrlichen Duft. Es sind ideale Solitärpflanzen, etwa 1,20–1,80 m hoch. Ihr schönes, gesundes Laub und ihre größere Winterhärte im Vergleich zu den öfterblühenden Rosen sind ein weiterer Pluspunkt. Fast völlig vergessen und erst in den letzten 50 Jahren wiederentdeckt, erleben sie heute eine Renaissance. Allein des wunderbaren Duftes wegen wäre es schön, wenn in jedem Garten wenigstens eine Alte Rose stehen könnte.

Name	'Charles de Mills'	'Ghislaine de Féligonde'	'Graham Thomas'	'Königin von Dänemark'	'Louise Odier'	'Madame Hardy'
Züchter	unbekannt	Turbat (1916)	Austin (1983)	Booth (1816)	Margottin (1851)	Hardy (1832)
Gruppe	einmalblühende Alte Strauchrose	öfterblühende Alte Strauchrose	öfterblühende Englische Rose	einmalblühende Alte Strauchrose	öfterblühende Alte Strauchrose	einmalblühende Alte Strauchrose
Höhe	100–150 cm	150–200 cm	100–150 cm	100–150 cm	150–180 cm	120–180 cm
Blüte	Groß, karminrot bis purpurrot, dicht gefüllt und geviertelt, mit starkem süßlichem Duft	Mittelgroß, lachsrosa bis gelborange, im Verblühen fast weiß, zarter Duft.	Groß, gelb mit rötlichem Schimmer, dicht gefüllt, stark duftend.	Groß, rosa, zum Rand hin heller, mit rötlichen Knospen, dicht gefüllt, mit fruchtigem Duft.	Mittelgroß, kräftig lilarosa, dicht gefüllt und geviertelt, mit sehr starkem Duft.	Groß, reinweiß mit grünem Auge in der Mitte, dicht gefüllt, zitronenartig duftend.
Wuchs	Rundlich, wenig bestachelt, leicht überhängend, mit hellgrünem Laub.	Buschig, mit langen, überhängenden Trieben und glänzendem Laub.	Aufrechte Büsche mit leicht überhängenden Trieben und gesunden Blättern.	Locker buschig, überhängende, stark bestachelte Triebe, graugrünes Laub.	Aufrecht mit leicht überhängenden Trieben, hellgrünes, robustes Laub.	Kräftige, dichte Büsche mit bestachelten Trieben und hellgrünem Laub.
Tipps	Eine Sorte aus der Gruppe der Gallica-Rosen – ein Klassiker unter den Alten Rosen.	Bezaubert durch das Farbenspiel der Blüten. Kann auch als Ramblerrose in Bäume klettern.	Eine der besten Englischen Rosen – und die erste gelbe Sorte in der Form Alter Rosen.	Eine pflegeleichte Blütenschönheit aus der Gruppe der Alba-Rosen.	Wohl die Alte Rose mit der perfektesten Blütenform. Schön auch als Schnittrose.	Eine der schönsten weißen Rosensorten – voller Charme und Charakter, und dennoch pflegeleicht.

Öfterblühende Strauchrosen und Bodendeckerrosen

Strauchrosen lassen sich als Solitärpflanzen und in gemischten Rabatten verwenden. Sie werden 1,20 bis 1,80 m hoch, ihre Farbpalette ist sehr groß. Flach wachsende Strauchrosen, als **Bodendeckerrosen** bezeichnet, bieten eine große Vielfalt an Wuchsformen. Sie sind pflegeleicht, meist öfterblühend und werden ca. 50–90 cm hoch, selten weniger. Sie sind sehr robust und gesund, aber selten duftend. Wunderbar für naturnahe flächige Pflanzungen.

Name	'Angela'	'Heidetraum' (= 'Flower Carpet')	'Schneewittchen'	'Sommerwind'	'The Fairy'	'Westerland'
Züchter	Kordes (1984)	Noack (1988)	Kordes (1958)	Kordes (1985)	Bentall (1932)	Kordes (1969)
Gruppe	öfterblühende Strauchrose	öfterblühende Bodendeckerrose	öfterblühende Strauchrose	öfterblühende Bodendeckerrose	öfterblühende Bodendeckerrose	öfterblühende Strauchrose
Höhe	100–150 cm	60–80 cm	100–150 cm	40–60 cm	40–60 cm	150–200 cm
Blüte	Mittelgroß, kräftig rosa, halbgefüllt, in dichten Büscheln, schwach duftend.	Kleine, leuchtend karminrosa, halbgefüllte Blüten mit leichtem Duft, in dichten Büscheln.	Mittelgroß, schneeweiß, halb gefüllt, früh blühend und mit leichtem Duft.	Mittelgroß, kräftig rosa, halb gefüllt, mit gewellten Blütenblättern, ohne Duft.	Klein, zartrosa, dicht gefüllt, in reich blühenden Büscheln, ohne Duft.	Groß, bernstein- bis apricotfarben, dicht gefüllt, stark duftend.
Wuchs	Aufrechte, breiter als hohe Büsche mit gesundem Laub.	Niedrige, aufrechte, reich verzweigte Büsche, glänzend dunkelgrünes Laub.	Aufrecht mit lockeren, leicht überhängenden Trieben, mattgrünes Laub.	Niedrige aufrechte Büsche mit glänzenden dunkelgrünen Blättern.	Breite Büsche mit teils überhängenden Trieben, glänzend dunkelgrünes Laub.	Kräftige, breite, formschöne Büsche mit frischgrünen Blättern.
Tipps	Diese relativ niedrige, lange blühende Sorte lässt sich gut in Staudenbeeten integrieren. ADR-Rose 1982.	Überaus robuster und blühwilliger Bodendecker, die auch als Stammrose und im Kübel begeistert. ADR-Rose 1990.	Die beste weiße Strauchrose, robust und lange blühend, wunderbar zusammen mit Stauden.	Sehr robuste, reich und lange blühende Sorte, lässt sich auch als Beetrose verwenden. ADR-Rose 1987.	Dieser Klassiker blüht fast pausenlos den ganzen Sommer lang. Schön auch als Stamm- und Kübelrose.	Sehr schön als einzeln stehender Blickfang oder an der Terrasse. ADR-Rose 1974.

Kletterrosen und Ramblerrosen

Kletterrosen sind erst in den letzten hundert Jahren entstanden, aber sehr lohnend! Höhe: In der Regel bis 3 m. Und nur mit einem guten Schnitt – bei ihnen noch wichtiger als bei Strauchrosen – blühen sie üppig. **Ramblerrosen,** bei uns wenig bekannt, können eine Höhe von 5 m und mehr erreichen, wenn sie in Bäume oder über Gebäude wachsen. Sie sind faszinierend und sehr pflegeleicht. Diese Gruppe braucht wenig Platz am Boden und nur eine Kletterhilfe.

Name	'Bobbie James'	'Golden Showers'	'Lawinia'	'New Dawn'	'Rosarium Uetersen'	'Santana'
Züchter	Sunningd. Nurs. '61	Lammerts (1956)	Tantau (1980)	Somerset (1930)	Kordes (1977)	Tantau (1984)
Gruppe	einmalblühende Ramblerrose	öfterblühende Kletterrose	öfterblühende Kletterrose	öfterblühende Kletterrose	öfterblühende Kletterrose	öfterblühende Kletterrose
Höhe	3–5 m	2–3 m	2–3 m	2–3 m	2–3 m	2–3 m
Blüte	Klein, cremeweiß, ungefüllt, in sehr dichten, reich blühenden Büscheln, stark duftend.	Groß, goldgelb, halb gefüllt, früh blühend, mit starkem Duft.	Groß, kräftig rosa, edelrosenförmig, dicht gefüllt, stark duftend.	Mittelgroß, zartrosa, halb gefüllt, reich blühend, mit süßem Duft.	Groß, tiefrosa, später silbrig rosa, dicht gefüllt, zart duftend.	Groß, blutrot, stark gefüllt, reich blühend, mit leichtem Duft.
Wuchs	Wuchsstark mit langen, kletternden Trieben und glänzend dunkelgrünem Laub.	Aufrecht buschig mit überhängenden, starken Trieben und tiefgrünen Blättern.	Kräftig mit überhängenden, starken Trieben, glänzendes Laub.	Aufrecht mit biegsamen Trieben, glänzend dunkelgrüne, robuste Blätter.	Aufrecht buschig bis kletternd, kräftige Triebe, dichtes, sattgrünes Laub.	Aufrecht mit kräftigen, überhängenden Trieben, robustes Laub.
Tipps	Herrlicher, üppig blühender Kletterer zur Verschönerung von Hausfassaden, Pergolen, Lauben oder alten Bäumen.	Wunderbar an Pergolen und Rosenbögen. Etwas mehltauanfällig, daher nicht vor prallsonnige Südwände pflanzen.	Klettert an Wänden, Lauben und Pergolen und begeistert durch die edle Blütenform. Schön auch als Stammrose.	Ziert Wände und Pergolen mit ihren märchenhaften Blüten, die sich den ganzen Sommer über bilden.	Schön an Säule, Obelisk und Pergola. Wirkt auch sehr gut als Stammrose mit herabhängenden Trieben im Kübel.	Sicher eine der besten roten Kletterrosen, die sich schön an Mauern, am Hauseingang und als Sichtschutz macht.

Stauden sind wie Stehaufmännchen – jedes Jahr erneut zur Stelle

Stauden sind Pflanzen, die mindestens drei Jahre leben – aber nicht jede Pflanze, die älter als drei Jahre wird, ist eine Staude. Sie verholzen nicht, sondern bleiben krautig, also weich. Die typische Staude stirbt jeden Winter bis zum Boden ab. Ihre Wurzeln überleben kalte Winter. Die Knospen, die eine Staude schon für das nächste Jahr gebildet hat (Überwinterungsknospen), liegen nur knapp unter der Erdoberfläche, oft sogar sichtbar. Deshalb dürfen z. B. Pfingstrosen, Rittersporn oder Phlox nicht zu tief gepflanzt werden. Sie würden nicht blühen. Da Sie die Stauden fast ausschließlich in Töpfen kaufen werden, pflanzen Sie sie in der gleichen Höhe, wie sie im Topf stehen.

Sommerblumen haben ein sehr begrenztes Lebensalter, höchstens zwei Jahre. Stauden dagegen kommen und gehen und kommen und gehen… Dabei werden sie größer und schöner. Das möchten sie jedenfalls. Oft hängt es vom jeweiligen Klima ab, ob eine krautige Pflanze mehrjährig ist oder nicht. So kann der Fingerhut in dem einen Garten nur zweijährig sein. Er bildet im ersten Jahr eine Blattrosette, die überwintert, im zweiten Jahr blüht er und stirbt ab. In sehr mildem Klima kann er durchaus älter werden. Indem er sich aber fleißig aussät, ist er immer da. Was Staude ist und was nicht, ist oft schwer abzugrenzen. Der Lavendel z. B. ist so ein »Zwischending«. Halb Staude, halb Strauch – ein Halbstrauch. Seine unteren Teile verholzen, die oberen bleiben weich und sterben im Winter ab.

Vorteil: Stauden sind dankbare Geschöpfe. Sie kehren zuverlässig jedes Jahr wieder und werden von Jahr zu Jahr schöner. Manche können 20–25 Jahre alt werden (Pfingstrosen). Viele sind sehr »beweglich«. Gefällt es ihnen an einer Stelle nicht, lassen sie sich im ersten Jahr ganz leicht versetzen oder auch verschenken.

■ Eine sommerliche Staudenrabatte – harmonisch in den Farben, abwechslungsreich in Höhe, Laub und Wuchsform.

Nachteil: Außerhalb der Saison ist nichts zu sehen als nackte Erde. Ein reines Staudenbeet ist ein reiner Sommergenuss. Es ist fast eine Kunst, es so zu gestalten, dass es gut wirkt. Um es dann zu erhalten, ist ständiges Stützen, Schneiden, Teilen, Versetzen und Düngen erforderlich. Alles andere als einfach. Mit ein paar Tipps geht es aber auch leichter.

Als Regenbogen – so bunt, so schillernd auf- und absteigend – könnte man sich die Vielfalt der Stauden vorstellen. Und mit ihnen spielen. Zwischen und unter Bäumen und Sträuchern – mit Zwiebelblumen, die schon blühen, bevor die Stauden sich aufraffen – lassen sich herrliche Bilder »malen«. Solch eine **gemischte Rabatte** löst auch das alte Problem des »Umfallens«. Hohe Stauden, wie Rittersporn, brauchen etwas zum Stützen, Anlehnen oder Hindurchwachsen. Das Wichtigste ist natürlich die Blüte. Doch was kommt danach? Immergrünes Laub (Christrose), dekorative Fruchtstände (Prachtspiere) und schönes Laub (Hosta) – achten Sie auf die Pflanze als Ganzes. Ein Tränendes Herz verschwindet schon im Hochsommer, eine Herbst-Anemone daneben füllt die Lücke. So werden kahle Stellen vermieden, die **Blühsaison** verlängert, und die Arbeit wird erleichtert.

■ **Frühling**: Noch ist man nicht so verwöhnt. Von den meisten Stauden ist noch nichts zu sehen. Grün ist die Hauptfarbe. Die ersten Blüten werden freudig begrüßt. **Christrosen,** auf sie möchte ich nicht verzichten. Nicht nur, dass sie die bösen Geister vom Haus fernhalten sollen, sie sind die Vorboten des Frühlings. Mit langer Blütezeit, immergrün und absolut easy. **Tränendes Herz,** es kommt mit rasantem Tempo aus der Erde. Die herzförmigen Blüten in Rosa oder Weiß sind ganz entzückend. Selbst der rötliche Austrieb der **Pfingstrosen** ist faszinierend. In dieser Zeit stecke ich Weidenruten bogenförmig darüber. Eine natürliche Stütze, durch die die Pflanzen dann wachsen. Das hält einige Jahre. Passen Sie nur auf, dass die Weiden nicht zu wachsen anfangen.

■ **Hochsommer**: Der Höhepunkt eines Staudenbeets. Selbst die »Späten« haben als Austrieb ihren zugewiesenen Platz eingenommen. So viele Blüten, so viele Farben. Vorsicht. Es wird leicht ein »Zuviel«. Die Farben sollten harmonieren. Orange und Rosa sieht nicht gut zusam-

men aus. Sie erleichtern sich die Gestaltung, indem Sie weniger Farben nehmen, dafür mehr Blütenformen. Viele ähnliche Formen, wie Sonnenauge, Sonnenbraut und Astern, wirken nicht abwechslungsreich.

■ **Spätsommer/Herbst**: Jetzt ändert sich die Stimmung im Garten. Die Farben werden wärmer. Rostrot, Kupfer und Bronze ergänzen die Herbstfärbung des Laubs. **Astern, Herbst-Anemonen** und **Sedum** gehören ins Bild. Bei diesen »Späten« ist es schön, wenn die Pflanze auch vor der Blüte attraktiv aussieht.

Wenn die Saison zu Ende geht, stellt sich die Frage, was abgeschnitten wird und was nicht. Weiches Laub überlebt den ersten Frost nicht. Es fällt in sich zusammen. Die Frage hat sich erledigt. Aber alles, was einigermaßen dekorativ aussieht, rotbraun und fest ist, kann bis zum Frühling stehen bleiben.

■ Ein harmonisches Zusammenspiel: Die hohen Stauden Rittersporn, Glockenblumen und Zier-Lauch werden von den Blütenwolken des Frauenmantels schön eingefasst.

Gold-Garbe

(Achillea filipendulina)

 70–120 cm 6–9 ○

Bekannter und beliebter Langzeitblüher für bunte Staudenrabatten.

Wuchs: Aufrecht, horstartig, mit fein gefiedertem graugrünem Laub.

Blüte: Schirmförmige Teller aus vielen kleinen gelben Körbchenblüten auf straff aufrechten Stielen.

Standort: Normaler Boden in sonniger Lage, eher trockener als zu feucht.

Pflege: Verblühte Blütenstände abschneiden, das verlängert die Blütezeit. Rückschnitt bis zum Boden erst im Winter. Mäßig düngen.

Tipps: Haltbare Schnittblume, lässt sich gut mit blau blühenden Arten wie Kugeldistel, Rittersporn oder Sommer-Salbei sowie Gräsern kombinieren.

Sorten: 'Coronation Gold', gelb, graulaubig; 80 cm; 'Parker's Variety', gelb, 100–120 cm.
Weitere Art: Schafgarbe *(A. millefolium)*, 50–80 cm, blüht 6–8, insgesamt zarter, duftiger, mit Sorten in Rosa- und Rottönen.

Frauenmantel

(Alchemilla mollis)

 30–40 cm 6–7 ○–◐

Robuste Staude mit attraktivem Laub und duftigem Blütenschleier.

Wuchs: Horstartig, insgesamt wie eine Halbkugel, mit großen, rundlichen, gelappten Blättern in stumpfem Grün, wunderschön am Morgen mit perlenartigen Tropfen aus Drüsen an den Rändern.

Blüte: Dichte grüngelbe Schleier aus sehr kleinen Blütchen in kugeligen Rispen.

Standort: Frische bis feuchte, nährstoffreiche Böden.

Pflege: Schneidet man die Blütenstände nach dem Verblühen zurück, treiben neue Blätter und die Horste bleiben schön kompakt.

Tipps: Sehr vielseitig verwend- und kombinierbar, eignet sich sowohl für das Staudenbeet als ruhiger Blattschmuck als auch für den Teichrand.

Herbst-Anemone

(Anemone-Japonica-Hybriden)

 60–120 cm 8–10 ◐

Wunderschöner langlebiger Herbstblüher für Staudenbeet und Gehölzrand.

Wuchs: Aufrecht mit stark verzweigten Stängeln, wächst durch Ausläufer in die Breite, große, dreilappige Blätter.

Blüte: Etwa 6 cm große Blütenschalen in Rosa oder Weiß.

Standort: Nährstoffreiche, humose, nicht zu trockene Böden.

Pflege: In Trockenperioden wässern, organisch düngen, in rauen Lagen vor allem Jungpflanzen im Winter mit Laubdecke schützen.

Tipps: Wirkt sehr schön zusammen mit hohen Gräsern.

Sorten: 'Honorine Jobert', weiß, 80 cm; 'Rosenschale', dunkelrosa, großblütig, 80 cm. Die Sorten werden im Handel teils als *A. japonica,* teils als *A.*-Hybriden geführt.

Akelei

(Aquilegia vulgaris, A.-Hybriden)

🌱 40–80 cm ✿ 5–6

Hübsche, anspruchslose Pflanzen mit duftigen Blüten, die sich leicht versamen.

Wuchs: Aufrecht, in lockeren Horsten, mit dreiteiligen, rundlichen Blättern.

Blüte: Auffällige Blüten mit langem Sporn in reichblütigen Trauben über dem Laub. Bei der Art Blauviolett, Rosa oder Weiß, bei den Hybriden auch zweifarbig.

Standort: Am halbschattigen Gehölzrand oder im Beet, auf normalem bis leicht feuchtem Gartenboden.

Pflege: Die Pflanzen sind kurzlebig, verbreiten sich aber durch Selbstaussaat. Vorsicht, giftig!

Tipps: Passt wunderbar im Naturgarten zum Verwildern. Im Beet wegen des frühen Einziehens eher in den Hintergrund pflanzen.

Sorten: 'McKana-Hybriden', eine Mischung großblütiger Sorten mit langem Sporn in bunten Farben.

Kissen-Aster

(Aster-Dumosus-Hybriden)

🌱 20–40 cm ✿ 9–10 ○

Üppige herbstliche Blütenkissen in satten bunten Farben, am besten im Vordergrund von Staudenbeeten.

Wuchs: Kompakt und kissen- bis teppichförmig mit kleinen lanzettlichen Blättern, breitet sich kriechend aus.

Blüte: Sternförmige Körbchenblüten mit gelbbrauner Mitte und zarten Blütenstrahlen in Violett, Rot, Rosa oder Weiß.

Standort: Nährstoffreiche, frische bis feuchte Böden in sonniger Lage.

Pflege: Wie viele Astern bei Trockenheit etwas anfällig gegen Mehltau, daher ausreichend wässern. Organisch düngen, nach der Blüte zurückschneiden.

Tipps: Wirkt sehr schön zusammen mit Herbst-Astern und Gräsern.

Sorten: Große Sortenpalette; zu empfehlen sind u. a. 'Prof. Anton Kippenberg', blauviolett, 40 cm; 'Kassel', karminrot, 40 cm; 'Heinz Richard', rosa, 30 cm; 'Kristina', weiß, 30 cm.

Herbst-Aster, Glattblatt-Aster

(Aster novi-belgii)

🌱 80–140 cm ✿ 9–10 ○

Dieser reiche Herbstblüher bringt Staudenbeete zum Aufleuchten.

Wuchs: Aufrechte Horste, kriecht durch kurze Ausläufer, lanzettliches Laub.

Blüte: Körbchenblüten in dichten kuppelförmigen Rispen, ihre Farben reichen von Violett über Rot und Rosa bis Weiß.

Standort: Humose, nährstoffreiche, frische bis feuchte Gartenböden. Trockene, sandige Böden meiden!

Pflege: Bei Trockenheit wässern (Vorbeugung gegen Mehltau), ausgewogen düngen. Bei Standschwäche (abhängig vom Boden) die Pflanzen stäben.

Tipps: Gute Schnittstaude. Gute Partner sind Sonnenaugen und Sonnenblumen, Kissen-Astern, hohe Gräser.

Sorten: Viele Sorten, darunter 'Dauerblau', blau, 120 cm; 'Schöne von Dietlikon', violettblau, 120 cm.

Astilbe, Prachtspiere
(*Astilbe*-Hybriden)

⬆ 40–120 cm ❀ 6–9   ◐

Astilben sind unentbehrliche Blüher im Halbschatten vor Gehölzen, den sie mit ihren duftigen
Blüten beleben.
Wuchs: Aufrechte, horstartige Büsche mit gefiedertem, gezähntem Laub.
Blüte: Fedrige aufrechte bis überhängende
Rispen aus winzigen Blüten, in Weiß, Rosa, Rot
oder Violett.
Standort: Nährstoffreiche, humose, frische bis
feuchte Böden.
Pflege: Ausreichend wässern und düngen, am
besten organisch. Die Blütentriebe im Frühjahr
zurückschneiden.
Tipps: Die einzelnen Sortengruppen unterscheiden sich in Blütezeit und Wuchs, daher mehrere
kombinieren. Schön mit Farnen und Gräsern.

Sorten: *A.*-Japonica-Hybriden: früh blühend, 40–60 cm;
A.-Arendsii-Hybriden: wichtigste Gruppe (»**Garten-
Astilben**«), 60–120 cm, blüht 7–9;
Weitere Art: *A. chinensis* var. *pumila*, beliebter Boden-
decker, rosa, nur 20–30 cm.

Riesen-Glockenblume
(*Campanula lactiflora*)

⬆ 80–120 cm ❀ 6–8   ○–◐

Imposante, reich blühende Erscheinung auf
Staudenrabatten und am Gehölzrand.
Wuchs: Große Horste mit leicht übergeneigten,
hohen Trieben, Blätter eiförmig zugespitzt.
Blüte: Unzählige sternförmige breitglockige
Blüten in dichten Rispen, in Zartviolett, Rosa oder
Weiß.
Standort: Frische bis feuchte, nährstoffreiche,
humose Böden.
Pflege: Ausreichend wässern und düngen, bei
Bedarf stützen. Nach der Blüte im Herbst zurück-
schneiden.
Tipps: Wirkt sehr schön mit Astilben, Storch-
schnabel, Hosta und Gräsern.

Weitere Arten: *C. persicifolia,* die **Pfirsichblättrige
Glockenblume**, große Glockenblüten in Violett oder
Weiß ('Grandiflora Alba'), blüht 6–7, 60–80 cm, sonnig
bis halbschattig. *C. poscharskyana*, die **Hängepolster-
Glockenblume**, reich und sommerlang blühend, pflegeleicht, wächst kriechend mit langen Trieben, für sonnige
bis halbschattige Mauerritzen, Beetränder und Fugen,
blüht 6–9, 10–20 cm.

Rittersporn
(*Delphinium*-Hybriden)

⬆ 80–200 cm ❀ 6–8/9–10   ○

Die eindrucksvollen Blautöne dürfen in keiner
Rabatte fehlen.
Wuchs: Straff aufrechte, große Horste mit handförmig zerteilten Blättern.
Blüte: Sehr dichte, aufrechte Blütenkerzen über
dem Laub, in Blau, Violett, auch Rosa und Weiß,
oft mit »Auge«.
Standort: Nährstoffreicher, guter Gartenboden.
Pflege: Den Austrieb vor Schneckenfraß schützen! Gut wässern und düngen. Nach der Blüte
bis fast zum Boden zurückschneiden, dann erhält
man eine Zweitblüte. Hohe Sorten stützen.
Tipps: Wegen der Blütezeit der klassische Rosen-
Begleiter, außerdem schön mit gelb oder weiß
blühenden Stauden.

Sorten: Belladonna-Hybriden: 80–120 cm, grazil
und weniger dichtblütig, z.B. 'Piccolo', azurblau,
80 cm. Elatum-Hybriden: 120–200 cm, dichtblütig,
z.B. 'Lanzenträger', enzianblau mit weißem Auge,
200 cm. Pacific-Hybriden: groß- und dichtblütig,
150–180 cm, etwas kurzlebig.

Tränendes Herz

(Dicentra spectabilis)

↑ 60–80 cm ❀ 5–6 ◑–◯

Diese reizende Staude begeistert jedes Frühjahr aufs Neue.

Wuchs: Lockere, breite Horste mit bogigen Trieben, gefiederte, rundliche Blätter.

Blüte: Herzförmig mit weißem Tränentropfen in der Mitte, rosa oder weiß.

Standort: Im lichten Schatten in humoser, frischer bis feuchter Erde, bei ausreichender Bodenfeuchte auch in der Sonne.

Pflege: Braucht außer gelegentlich etwas Dünger kaum Pflege. Wird mit der Zeit immer schöner, daher möglichst nicht verpflanzen.

Tipps: Schön im Bauerngarten. Zieht nach der Blüte ein, daher nicht nach vorne, sondern in die Mitte einer Rabatte pflanzen.

Fingerhut

(Digitalis purpurea)

↑ 100–150 cm ❀ 6–7 ◑–●

Der Fingerhut ist meist zweijährig, stirbt also nach der Blüte ab, doch erhält er sich durch Selbstaussaat.

Wuchs: Grundständige Blattrosette und straff aufrechte, beblätterte Triebe mit eiförmigem, behaartem Laub.

Blüte: Große, rosafarbene oder weiße hängende Blütenglocken stehen dicht an dicht in einer hohen Traube.

Standort: Humose, lockere Böden im Halbschatten.

Pflege: Robuste Wildstaude, die keine Pflege benötigt. Durch Rückschnitt nach der Blüte lässt sich die Lebensdauer verlängern.

Tipps: Vorsicht, stark giftig!

Kugeldistel

(Echinops ritro)

↑ 80–100 cm ❀ 7–9 ◯

Das intensive Blau und die eigentümliche Blütenform wirken auf jedem Beet faszinierend.

Wuchs: Aufrecht mit stark zerteilten, bestachelten Blättern.

Blüte: Kugelrunde, knapp 4 cm große Blütenbälle aus zahlreichen Einzelblüten.

Standort: Lockere, eher trockene bis frische Böden. Auf schweren oder feuchten Böden nicht standfest.

Pflege: Keine Pflege nötig, bei Bedarf stützen. Erst im Frühjahr zurückschneiden.

Tipps: Schön im Staudenbeet zusammen mit Schaf- oder Edelgarbe, Garten-Margerite, Rosen und Gräsern.

Sorten: 'Alba', blüht weiß.

Sorten: 'Gloxiniaeflora', großblütige Farbmischung.

Sorten: 'Veitch's Blue', stahlblaue Blüten, 80 cm.

Feinstrahlaster
(Erigeron-Hybriden)

⬆ 50–80 cm ✿ 6–7/9 ○

Wie zarte mittelhohe Astern wirken diese reichblütigen Beetstauden.
Wuchs: Aufrechte Horste mit straffen Blütenstielen, längliche Blätter.
Blüte: Sternförmige Körbchenblüten mit langen, feinen Strahlen am Rand und gelber Mitte, in Violett, Blau, Rot, Rosa und Weiß.
Standort: Lockere, nährstoffreiche Gartenböden in sonniger Lage.
Pflege: Rückschnitt nach der Blüte bis auf den Boden sorgt für Neuaustrieb und eine zweite Blüte. Gelegentliche Teilung erhält die Blühfreudigkeit.
Tipps: Wunderbarer Begleiter von Rosen und Rittersporn, zusammen mit Gräsern.

Sorten: 'Dunkelste Aller', tief blauviolett, 60 cm; 'Rosa Triumph', rosa, 70 cm; 'Sommerneuschnee', weiß, rosa überhaucht, 60 cm.

Pracht-Storchschnabel
(Geranium × magnificum)

⬆ 40–60 cm ✿ 6–7 ○–◑

Pflegeleicht und zuverlässig blühend – ein Selbstläufer im Staudenbeet.
Wuchs: Bildet hohe Horste mit aufrechten Trieben und großen, handförmig zerteilten Blättern.
Blüte: Große, leuchtend blauviolette Schalenblüten über dem Laub.
Standort: Jeder normale nährstoffreiche Gartenboden.
Pflege: Nach der Blüte zurückschneiden. Sonst kaum Pflege nötig.
Tipps: Robuster Lückenfüller im Beet und am Gehölzrand, schön mit Frauenmantel, Garten-Margeriten und Rosen.

Weitere Arten: *G. psilostemon*, der Armenische Storchschnabel, 60–120 cm, blüht 6–7 mit leuchtend magentaroten Blüten mit schwarzem Auge, ein Blickfang im Beet, nicht immer standfest (stützen), braucht in rauen Lagen Winterschutz; *G. sanguineum*, <u>Blut-Storchschnabel</u>, Bodendecker für sonnige bis halbschattige Stellen auf eher trockenen Böden, blüht karminrot 5–8, 10–30 cm.

Riesen-Schleierkraut
(Gypsophila paniculata)

⬆ 80–120 cm ✿ 6–9 ○

Die duftigen Blütenschleier überziehen die Blütenteppiche der Staudenrabatte und verbinden die Pflanzung.
Wuchs: Rundlich, mit sehr stark verzweigten, brüchigen Trieben.
Blüte: Kleine weiße oder zartrosa Blütchen an den Enden der Stiele, wirken insgesamt schleierartig.
Standort: Lockere, durchlässige, eher trockene Böden in sonniger Lage.
Pflege: Pflegeleicht, kann nach der Blüte zurückgeschnitten werden. Ein Verpflanzen ist wegen der Pfahlwurzel schwierig.
Tipps: Eignet sich gut als Schnittblume. Wunderschön in einer Rosenpflanzung, aber auch mit verschiedensten Stauden für trockenere Lagen.

Sorten: 'Bristol Fairy', größere, gefüllte Blüten, 100 cm.

Sonnenbraut
*(Helenium-*Hybriden)

⬆ 80–150 cm ✿ 6–9　　○

Robuster und pflegeleichter Sommerblüher in warmen Farbtönen.

Wuchs: Bildet große aufrechte Horste aus dicht beblätterten Trieben.

Blüte: Tellerförmige Körbchenblüte mit halbkugeliger Mitte, erscheinen reichlich an verzweigten Stängeln, in Gelb-, Orange- und braunroten Tönen.

Standort: Nährstoffreiche, frische bis feuchte Böden in sonniger Lage, keine zu trockenen Böden wählen.

Pflege: Bei Trockenheit wässern und bei Bedarf stützen. Schneidet man die Blütentriebe nach dem Abblühen regelmäßig zurück, verlängert sich die Blütezeit.

Tipps: Wunderschön im Staudenbeet zusammen mit Sonnenaugen, Herbst-Astern, Gräsern. Gute Schnittblume.

Sorten: 'Baudirektor Linne', rotbraun, 120 cm; 'Goldrausch', goldgelb mit brauner Mitte, 120–150 cm; 'Waltraud', braunorange, 80–100 cm.

Stauden-Sonnenblume
(Helianthus decapetalus)

⬆ 120–150 cm ✿ 8–9　　○

Robust und blühfreudig, lassen sie sich auf Rabatten, am Teichrand und als Sichtschutz pflanzen.

Wuchs: Üppige Horste mit aufrechten Trieben, die mit großen, eiförmigen Blättern besetzt sind.

Blüte: Große, gelbe »Sonnenblumen« an verzweigten Stielen, ungefüllt oder gefüllt, deutlich kleiner als bei den einjährigen Verwandten.

Standort: Nährstoffreiche, frische bis feuchte Gartenböden an vollsonnigen Plätzen.

Pflege: Ausreichend wässern und düngen. Verblühtes regelmäßig ausschneiden, um die Blütezeit auszudehnen.

Tipps: Wirken sehr schön mit Herbst-Astern, Sonnenbraut, Rittersporn, Gräsern.

Sorten: 'Capenoch Star', hellgelb, ungefüllt, 120 cm; 'Soleil d'Or', goldgelb, gefüllt, 140 cm.

Sonnenauge
(Heliopsis helianthoides)

⬆ 80–150 cm ✿ 7–9　　○

Gelber Klassiker für das Sommerbeet.

Wuchs: Breite, buschige Horste mit hohen Stielen und breit lanzettlichem Laub.

Blüte: Große, gelbe Körbchenblüten mit breiten Blütenstrahlen und erhöhter Mitte.

Standort: Nährstoffreiche, nicht leicht austrocknende Böden in sonniger Lage.

Pflege: Pflegeleicht, durch Ausschneiden verblühter Triebe verlängert sich die Blütezeit. Nach der Blüte zurückschneiden.

Tipps: Schöne Kombinationen ergeben sich mit Herbst-Astern, Sonnenbraut und Rittersporn. Haltbare Schnittblume.

Sorten: 'Goldgefieder', goldgelb, gefüllt, 130 cm; 'Hohlspiegel', goldgelb, halbgefüllt und großblütig, 130 cm; 'Venus', orangegelb, ungefüllt, 150 cm, gute Schnittsorte. Häufig laufen die Sorten im Handel unter var. *scabra*.

Nieswurz, Lenzrose
(*Helleborus*-Hybriden)

⬆ 30–40 cm   ✿ 2–4

Zarte Frühjahrsblüher mit aparten Blüten.
Wuchs: Langlebige, kompakte Horste mit unter-
irdisch kriechenden Rhizomen (Wurzelstöcken)
und fächerförmigen, ledrigen, wintergrünen
Blättern.
Blüte: Große, nickende Schalenblüten in dunk-
len Rottönen, Rosa, Weiß, auch Gelb, häufig im
Innern gepunktet, teilweise gefüllt.
Standort: Humose, lockere, kalkhaltige Böden,
bevorzugt unter Gehölzen im lichten Schatten.
Pflege: Die Blätter im Frühjahr erst zurückschnei-
den. Sonst keine Pflege nötig.
Tipps: Vorsicht, die Pflanzen sind giftig.

Sorten: Die im Handel erhältlichen Sorten sind meist
H.-Orientalis-Hybriden und werden häufig ohne
Namen verkauft.
Weitere Art: *H. niger*, die Christrose, blüht 12–3 mit
großen, reinweißen Blüten, 20–30 cm, braucht locke-
ren, kalkhaltigen Boden.

Taglilie
(*Hemerocallis*-Hybriden)

⬆ 50–100 cm   ✿ 6–9

Sehr pflegeleicht und unermüdlich blühend,
bereichern Taglilien jedes Beet.
Wuchs: Breite, grasartige Horste mit langen,
linealischen Blättern.
Blüte: Lilienartige, trichterförmige bis glockige
Blüten in je nach Sorte unterschiedlicher Größe.
Die Farbpalette reicht von Gelb über Orange,
Rosa, Apricot, Rot bis Braun sowie Creme. Die
Einzelblüte bleibt nur einen Tag geöffnet, doch
bilden sich ständig neue.
Standort: Nährstoffreiche, nicht zu trockene
Böden. Je schattiger, desto weniger Blüten
werden gebildet.
Pflege: Stiele nach dem Verblühen abschneiden,
sonst keine Pflege nötig.
Tipps: Taglilien lassen sich sowohl im Beet als
auch am Teichrand einsetzen.

Sorten: Es gibt Tausende von Sorten, von Miniatur-
Taglilien über klein- bis großblütige Formen (Blüten
5–15 cm Durchmesser).

Hosta, Funkie
(*Hosta*-Arten und -Hybriden)

⬆ 20–100 cm   ✿ 6–8

Eine der schönsten und robustesten Blatt-
schmuckstauden.
Wuchs: Horstförmig mit großen, herzförmigen,
stark geäderten Blättern.
Blüte: Hängende, längliche Glockenblüten in
langen Trauben über dem Laub, in Violett oder
Weiß, häufig duftend.
Standort: Humose, nährstoffreiche, nicht zu
trockene Böden.
Pflege: Außer ab und zu etwas organischem
Dünger keine Pflege nötig. Leider sind sie auch
bei Schnecken beliebt.
Tipps: Funkien lassen sich sehr vielseitig verwen-
den – im Beet, am Gehölzrand, als Bodendecker
im Kübel und am Teich – und durch die klare
Blattform sehr gut kombinieren.

Sorten: Die Palette ist sehr vielfältig, es gibt Grünblatt-,
Gelbblatt- und Blaublattfunkien sowie solche mit weiß
gerändertem oder gezeichnetem Laub.

Bart-Iris, Schwertlilie

(Iris-Barbata-Hybriden)

⬆ 15–120 cm ✿ 4–6 ○

Durch ihre aparte Blütenform und die unglaubliche Farbpalette wirken die Iris äußerst faszinierend.

Wuchs: Horste aus sich verzweigenden, nahe der Oberfläche kriechenden Rhizomen mit Büscheln schwertförmiger graugrüner Blätter.

Blüte: Aus je drei aufrechten und herabgeschlagenen Blütenblättern mit oft kontrastierendem »Bart« zusammengesetzt, an straffen Stielen, in überreichem Farbspektrum, auch zweifarbig.

Standort: Nährstoffreiche, durchlässige, eher trockene Böden.

Pflege: Die Rhizome flach und waagerecht so pflanzen, dass sie gerade mit Erde bedeckt sind. Rückschnitt der Triebe nach der Blüte.

Sorten: Sie werden eingeteilt in Nana-Hybriden, nur 15–30 cm, früh blühend; Media-Hybriden, 40–60 cm; Elatior-Hybriden, 60–120 cm hoch.

Lavendel

(Lavandula angustifolia)

⬆ 30–60 cm ✿ 6–8 ○

Die aromatisch duftenden Polster bringen mediterranes Flair in den Garten.

Wuchs: Buschige Polster aus am Grund verholzenden Trieben mit sehr schmalen, graugrünen Blättern – bildet einen Halbstrauch.

Blüte: Kleine violette, rosa oder weiße Lippenblüten in dichten Ähren auf straffen, kahlen Stielen über dem Laub.

Standort: Durchlässige, kalkhaltige, eher trockene Böden in voller Sonne.

Pflege: Im Frühjahr werden die Triebe scharf zurückgeschnitten, dann bleiben die Polster schön kompakt. Verblühtes ausschneiden.

Tipps: Ob Beeteinfassung, niedrige Hecke oder Rosenbegleiter, ob im Duft- oder im Bauerngarten – Lavendel fügt sich sehr gut ein.

Sorten: 'Alba', weiß; 'Hidcote Blue', tief violett.

Sommer-Margerite, Garten-Chrysantheme

(Leucanthemum × superbum)

⬆ 60–90 cm ✿ 6–7/9 ○

Leuchtkräftige Staude für farbprächtige Beete.

Wuchs: Breite Horste aufrechter Triebe mit lanzettlichem, dunkelgrünem Laub.

Blüte: Große schneeweiße, gefüllte oder ungefüllte Margeritenblüten mit gelblicher Mitte.

Standort: Nährstoffreiche, frische, nicht zu feuchte Gartenböden.

Pflege: Ausreichend wässern und düngen. Durch Rückschnitt nach der Blüte erhält man eine Zweitblüte. Bei Bedarf stützen.

Tipps: Die weiße Blütenfarbe lässt sich sehr gut kombinieren, etwa mit Pracht-Storchschnabel, Rittersporn, Phlox und Kugeldistel. Gute Schnittblume.

Sorten: 'Gruppenstolz', ungefüllt, 60 cm; 'Wirral Supreme', dicht gefüllt, straffe Stiele, 80 cm.

Katzenminze
(Nepeta × faassenii)

⬆ 30–60 cm ❀ 5–9 ○

Hervorragender, duftig wirkender Rosenbegleiter, auch für Katzen unwiderstehlich.

Wuchs: Buschig, mit bogigen, aufrechten Trieben und schlanken, graugrünen, aromatisch duftenden Blättern.

Blüte: Blauviolette oder weiße Lippenblüten in Quirlen, die lange Kerzen bilden.

Standort: Durchlässige, eher trockene bis frische Böden in voller Sonne.

Pflege: Triebe nach der Blüte bis unter die Blüten zurückschneiden, dann gibt es eine Zweitblüte. Mäßig düngen.

Tipps: Katzenminze lässt sich wunderbar als Beet- oder Wegeinfassung und in der Rabatte zusammen mit z. B. Rosen, Gräsern oder Gold-Garbe verwenden.

Sorten: 'Six Hills Giant', blauviolett, größer als die Art, 50 cm; 'Snowflake', weiß, nur 30 cm; 'Walker's Low', blau, großblütig, 50–60 cm.

Edel-Pfingstrose, Stauden-Päonie
(Paeonia-Lactiflora-Hybriden)

⬆ 60–100 cm ❀ 5–6 ○

Einmalig schöne Blüten und dekoratives Laub – eine Bereicherung für jeden Garten.

Wuchs: Breite Horste mit großen, gefiederten, dunkelgrünen Blättern.

Blüte: Große, schalen- bis ballförmige Blüten, ungefüllt, bis dicht gefüllt, in Weiß-, Rosa- und Rottönen, oft mit Duft.

Standort: Nährstoffreiche, frische Gartenböden, keine Staunässe.

Pflege: Im Herbst pflanzen und nur ca. 3 cm mit Erde bedecken. Im Frühjahr Mulchdecke entfernen, organisch düngen, bei Bedarf Stütze anbringen. Verblühte Blüten abschneiden. Möglichst nicht verpflanzen, wird von Jahr zu Jahr schöner.

Sorten: Die Palette ist unüberschaubar groß, wählen Sie einfach ganz nach Ihrem Geschmack.
Weitere Arten: *P. officinalis*, **Bauern-Pfingstrose**, 80 cm, blüht 5, mit großen, dicht gefüllten Blüten in Rot, Rosa oder Weiß; *P. suffruticosa*, die **Strauch-Pfingstrose**, in vielen Sorten, verholzender Strauch, wunderschöne, sehr große Blüten in Weiß-, Gelb-, Rosa- und Rottönen, oft mit dunklen Grundflecken, 100–200 cm, blüht 5–6.

Stauden-Phlox, Hohe Flammenblume
(Phlox-Paniculata-Hybriden)

⬆ 70–130 cm ❀ 7–9 ○–◑

Lang anhaltende, üppige Blüte und vor allem betörender Duft machen ihn zum Liebling vieler Gartenfreunde.

Wuchs: Aufrechte Horste aus dicht mit schlanken Blättern besetzten Trieben.

Blüte: Dichte, kuppelförmige Trauben aus tellerförmigen, stark duftenden Blüten in Weiß, Orange, Rosa, Rot, Violett, oft mit dunklerer oder andersfarbiger Mitte.

Standort: Nährstoffreicher, gleichmäßig frischer bis feuchter Boden.

Pflege: Regelmäßig ausreichend wässern und düngen (bietet Schutz vor Mehltau und Älchen), bei Bedarf stützen. Rückschnitt nach der Blüte.

Tipps: Am besten gruppenweise verschiedene Sorten pflanzen. Schön mit Rittersporn, Sonnenhut und Gräsern.

Sorten: U.a. 'Düsterlohe', rotviolett, 90 cm; 'Graf Zeppelin', schneeweiß mit rotem Auge, 80 cm; 'Landhochzeit', rosa mit rotem Auge, 120 cm.

Sonnenhut

(Rudbeckia fulgida)

⬆ 50–80 cm   ✿ 7–9   ○

Einer der wichtigsten gelben Sommerblüher für die Rabatte.

Wuchs: Straff aufrechte Horste, Triebe mit breit lanzettlichen Blättern.

Blüte: Große »Margeritenblüten« mit schlanken, leicht hängenden, goldgelben Strahlen und schwarzbrauner halbkugeliger Mitte.

Standort: Nährstoffreiche, frische bis feuchte Böden.

Pflege: Ausreichend wässern und düngen. Verblühte Triebe ausschneiden, um die Blütezeit zu verlängern. Rückschnitt erst im Frühjahr.

Tipps: Am besten in Gruppen pflanzen. Lässt sich vielseitig kombinieren, etwa mit Phlox, Sonnenbraut, Stauden-Sonnenblumen, Herbst-Astern, Gräsern.

Sorten: 'Goldsturm', beste und häufigste Sorte, auch unter *R. fulgida* var. *sullivantii* geführt, goldgelb, 60–80 cm, 7–9.

Sommer-Salbei

(Salvia nemorosa)

⬆ 40–70 cm   ✿ 6–7/9   ○

Wichtiger Leuchtfleck und pflegeleichter Lückenfüller für das Staudenbeet.

Wuchs: Breite, aufrechte Horste, Triebe mit eiförmigen, aromatischen Blättern.

Blüte: Violette, blaue, rosa oder weiße Lippenblüten in dichten Kerzen über dem Laub.

Standort: Durchlässige, eher trockene, kalkhaltige Böden in voller Sonne.

Pflege: Nach der Blüte scharf zurückschneiden, um die zweite Blüte anzuregen, außerdem zugleich düngen.

Tipps: Passt sehr gut zu Rosen und gelb blühenden Stauden wie Gold-Garbe und Sonnenauge sowie zu Gräsern.

Sorten: 'Adrian', weiß, 40 cm; 'Blauhügel', mittelblau, 40 cm; 'Ostfriesland', violettblau, 50 cm.

Herbst-Fetthenne Blumen-Sedum

(Sedum telephium)

⬆ 40–60 cm   ✿ 8–10   ○

Ein idealer, äußerst robuster Staudenbegleiter für den Spätsommer und Herbst.

Wuchs: Breite Horste aus Trieben mit fleischigen, ovalen, graugrünen Blättern.

Blüte: Große schirmförmige Dolden aus kleinen Blütensternen in Rosa bis Rot.

Standort: Trockene bis frische, durchlässige Böden.

Pflege: Braucht praktisch keine Pflege. Erst im Frühjahr zurückschneiden.

Tipps: Sorgt zusammen mit Gräsern, Herbst- und Kissen-Astern, Sonnenhut und anderen für sehr schöne Herbststimmung im Beet.

Sorten: 'Herbstfreude', braunrot, 50 cm, 8–10. *S.*-Hybride 'Matrona', rosa Blüten auf roten Stielen, 60 cm, 8–10, Blätter purpurfarben überlaufen.

Gräser sind die schönen Unbekannten – und viel zu selten verwendet

Stiefkinder in der Gartengestaltung waren die Gräser schon immer. Zu Unrecht. Warum führen sie so ein Dasein im Abseits? Gräser werden doch »nur« wegen ihres attraktiven Laubes gepflanzt. Und die Blüten sind uninteressant. Wer so denkt, hat den Reiz der Gräser noch nicht entdeckt.

Ziergräser werden wenig gewürdigt und höchstens nebenbei mitgekauft. Wie schade, wenn man bedenkt, welchen Effekt sie im Garten bieten können. Kaum jemand kennt sie beim Namen. Ihre Schlichtheit, die elegante Linie ihrer schmalen Blätter, die sich parallel vom Boden aus erheben, haben einen besonderen Reiz. Gräser sind zwar Blütenpflanzen. Die Blüten sind aber unscheinbar, da sie keine Insekten anlocken müssen. Sie werden vom Wind bestäubt. Wieder einmal ein typisches Beispiel, dass die Natur nichts Überflüssiges macht. Die duftigen Blütenstände jedoch sind sehr interessant, denn sie bringen »Bewegung« in den Garten – ein Aspekt, der viel zu wenig eingesetzt wird.

Gräser haben in der Regel hohle Stängel. Sie sind durch Knoten gegliedert, die sie zugleich standhaft und beweglich machen. Im unteren Teil der Halme sitzen die Blätter. Die Blüten, Rispen, Ähren oder auch Büschel sitzen endständig oben.

Gräser lieben Sonne und einen eher trockenen Standort. Jedenfalls die meisten. Viele vertragen aber auch Halbschatten. Es gibt Zwerge unter ihnen und Riesen, die über 1 m hoch werden. Meiden Sie alle, die unterirdische Ausläufer bilden. Sie kommen an den unmöglichsten Stellen wieder heraus, auch aus den Fugen Ihrer Terrasse. Die hier vorgestellten Gräser gehören nicht zu den aggressiven.

Ziergräser werden nach der großen Palette ihrer **Grüntöne** (von fast Blau bis Goldgelb) ausgesucht – nach ihren **Blütenrispen** – und nicht zuletzt nach ihrer **stattlichen Erscheinung.**

Gräser bringen Höhe in eine Pflanzung oder können als Unterbrechung eine sehr willkommene Abwechslung sein. **Hohe Gräser,** wie das Chinaschilf, wirken am besten einzeln – im Rasen, auch neben einer Einfahrt. Die Riesen-Segge bevorzugt einen feuchten Boden. Sie passt mit ihrem hän-

■ Gräser wirken nicht nur als Rasen, sondern auch im Staudenbeet – doch werden sie immer noch zu selten gepflanzt.

genden Wuchs optisch gut in die Nähe von Wasser. Mehr Platz als für **einen** Riesen hat man in einem kleinen Garten sowieso nicht. In einer Rabatte ist der beste Platz für ein hohes Gras entweder am Ende oder im Winkel des Beetes. **Kleinere Ziergräser,** wie die Japan-Segge, können in kleineren Gruppen auch zwischen andere Pflanzen gesetzt werden. Sie sind der ruhende Pol in einer farbintensiven Pflanzung – oder das Gegenteil. Durch ihre wogenden Ähren oder lockeren, tänzelnden Rispen bringen sie Bewegung in eine formale, eher steife Gestaltung.

Sehr dankbar ist das **Gartensandrohr.** Es wird nie zur Last fallen, denn es weiß gar nicht, was Wuchern ist. Die Sorte 'Karl Foerster' hat rosa-bronzefarbene, lockere Rispen. Sie erscheinen im Hochsommer, verblassen im Herbst zu Hellbraun und halten bis in den Winter hinein. Ein ähnliches Sonnenkind ist das **Chinaschilf.** Silbrige, fedrige Rispen und eine schöne Herbstfärbung des überhängenden Laubs sind seine Vorzüge. Nicht nur wegen des hübschen Namens möchte ich das **Lampenputzergras** herausstellen. Die äußerst dekorativen Büschel an den Enden der Halme standen Pate. Das Laub ist hübsch, im Herbst goldgelb, selbst im Winter eine Zierde. Ein Gras mit auflockernder, graziöser Wirkung.

Apropos »Gras«. Damit ist hier nicht der Rasen gemeint. Aber die Einzahl von »Gräser« ist nun einmal »Gras«. Vielleicht mit ein Grund, mehrere dieser anspruchslosen Gesellen in den Garten einziehen zu lassen. Jedenfalls von den kleineren. Von *Festuca,* dem **Schwingel,** gibt es unzählige Arten und Sorten. Meistens wird er wegen seines ungewöhnlichen bläulichen Laubes geschätzt. Es ist aber nicht so einfach, diesen Farbton im Garten zu integrieren. Namen wie 'Blaufuchs' oder 'Blaufink' sagen alles. Der Atlas-Schwingel dagegen ist grün. Seine schlanken Rispen werden schon im Sommer entfernt, wenn sie nicht mehr ansehnlich sind. Niedrige Arten eignen sich als Rasenersatz auf kleinen Flächen. Das sieht sehr hübsch unter Bäumen aus. Und kann sogar gelegentlich betreten werden.

Gräser sind pflegeleicht. Viele gedeihen auf mageren Böden und ohne Dünger am besten. Gepflanzt und geteilt werden sie im Frühjahr. Um diese Zeit schneidet man auch trockene,

abgestorbene Teile zurück. Danach sind sie zunächst kein schöner Anblick – ihre Art von »Auszeit«. Dafür haben sie den Garten im Herbst und im Winter interessant gemacht. Das **Chinaschilf** z. B. wirkt sehr schön mit seinen rötlichen oder silberfarbenen Blütenbüscheln. Es lässt sich in verschiedenen Sorten oder mit Herbstblühern als lockere, dekorative Gemeinschaft kombinieren – attraktiv bis in den November hinein.

Der erste Frost ändert das Aussehen eines jeden Gartens. Wenn der Anblick in der kalten Jahreszeit deprimierend ist, liegt es auch an uns. Vielleicht haben wir die Gräser vergessen. Sie kommen besonders gut zur Geltung, wenn ihre Konkurrenten sich längst verabschiedet haben. Dann leuchten sie in rötlichen Tönen wie die **Rutenhirse** 'Rehbraun' oder goldgelb wie das **Lampenputzergras.** Und mit Raureif überzogen, sehen sie einfach zauberhaft aus. Zücken Sie mal Ihren Fotoapparat!

■ Hohe Arten wie das imposante Chinaschilf eignen sich auch als Solitär und bieten viele Monate einen tollen Blickfang.

Garten-Reitgras, Garten-Sandrohr
(Calamagrostis × acutiflora)

⬆ 40–60/120–150 cm ✿ 6–8

Beeindruckendes dichtes Gras mit schöner goldbrauner Herbstfärbung.
Wuchs: Straff aufrechte, kompakte Horste mit dichten Halmen und sehr schmalen Blättern, ohne Ausläufer.
Blüte: Cremefarbene fedrige Rispe, die jedoch nur während der Blüte ausgebreitet ist und sich danach schmal ährenartig zusammenzieht.
Standort: Normale Gartenböden.
Pflege: Außer Rückschnitt im Frühjahr keine Pflege nötig.
Tipps: Sehr vielfältig kombinierbares Gras für das Staudenbeet, das man am besten in Gruppen pflanzt. Schön u. a. mit Herbst-Astern, Stauden-Sonnenblume, Sonnenbraut und Sonnenhut.

Sorten: 'Karl Foerster', häufigste Sorte, 60/150 cm.

Japan-Segge
(Carex morrowii)

⬆ 30–40 cm ✿ 4–5

Ob einzeln oder in Gruppen, die Japan-Segge ist eines der schönsten immergrünen Gräser.
Wuchs: Flache breite Horste mit immergrünen, bogigen, feinen dunkelgrünen Blättern.
Blüte: Kleine gelbbraune Ähren.
Standort: Humose, frische bis feuchte Böden an beschatteten Plätzen.
Pflege: Bei Bedarf gießen, sonst keine Pflege notwendig.
Tipps: Diese Art aus der großen Gruppe der Seggen passt besonders gut an den Gehölzrand oder in schattige Beete, wo sie für Abwechslung und Struktur sorgt.

Sorten: 'Variegata', mit am Rand cremeweiß gestreiften Blättern, sonst wie die Art.
Weitere Art: *C. pendula*, **Hänge-** oder **Riesen-Segge**, 50–60/80–100 cm, immergrün mit breiteren, frischgrünen Blättern, blüht 6–7 mit langen Ähren an überhängenden Stielen, schön am Gehölz- und Teichrand.

Atlas-Schwingel
(Festuca mairei)

⬆ 40–60/80–100 cm ✿ 6–7

Formschönes Gras für trockenere Beete.
Wuchs: Große, rundliche, kompakte Horste aus langen, graugrünen, linealischen, locker überhängenden Blättern.
Blüte: Sehr schlanke, graugrüne Rispen an dünnen überhängenden Stielen.
Standort: Durchlässige, mäßig trockene bis frische Böden.
Pflege: Leichter Rückschnitt im Frühjahr hält die Horste schön kompakt. Sonst kein Pflegebedarf.
Tipps: Der Atlas-Schwingel lässt sich am besten mit anderen trockenheitsverträglichen Stauden kombinieren, etwa Kugeldistel, Bart-Iris, Salbei oder Sonnenhut.

Weitere Art: *F. glauca* (Syn.: *F. cinerea*), der **Blau-Schwingel**, bildet rundliche niedrige Horste aus intensiv blaugrauen Blättern, für sonnige trockene Plätze, 20–30/40–50 cm, blüht 6–7, in mehreren Sorten.

Chinaschilf
(Miscanthus sinensis)

⬆ 80–200/100–250 cm   ✿ 8–10   ○

Eines der eindrucksvollsten Gartengräser.
Wuchs: Große aufrechte Horste mit relativ breiten, locker überhängenden Blättern, oft mit schöner Herbstfärbung.
Blüte: Federartige Blütenbüschel an den Enden der Triebe, silbrig bis rötlich.
Standort: Nährstoffreiche, frische bis feuchte Böden.
Pflege: Ausreichend düngen und erst im Frühjahr zurückschneiden, sonst keine weitere Pflege.
Tipps: Das imposante Chinaschilf wirkt sowohl als Solitär als auch als Blicke abschirmender Hintergrund für eine Pflanzung.

Sorten: Große Palette; zu empfehlen sind u.a. 'Gracillimus', sehr schmale Blätter, blüht kaum, 120/180 cm; 'Kleine Fontäne', früh rosa überhaucht blühend, 90/150 cm; 'Silberfeder', silbrige Blütenrispen, 120/200 cm.

Ruten-Hirse
(Panicum virgatum)

⬆ 60–100/80–150 cm   ✿ 7–9   ○

Ein Gras mit herrlicher Herbstfärbung, die ihresgleichen sucht.
Wuchs: Aufrechte kompakte Horste mit linealischen Blättern und goldgelber bis leuchtend roter Herbstfarbe.
Blüte: Sehr feine Rispen mit dünnen Zweigen und winzigen Ähren.
Standort: Jeder mäßig trockene bis feuchte Gartenboden.
Pflege: Bei Bedarf wässern und im Frühjahr zurückschneiden.
Tipps: Wunderbarer Hintergrund im herbstlichen Staudenbeet, zusammen mit Kissen- und Herbst-Astern, Sonnenhut, Sonnenbraut und anderen.

Sorten: 'Hänse Herms' (= 'Rotstrahlbusch'), leuchtend rote Herbstfarbe, 60–80/100 cm; 'Rehbraun', im Herbst kupferfarben, 80/120 cm.

Federborstengras, Lampenputzergras
(Pennisetum alopecuroides)

⬆ 40–60/60–100 cm   ✿ 8–10   ○

Ein elegant und grazil wirkendes Gras, das sich vielseitig verwenden lässt.
Wuchs: Halbkugelförmige, in die Breite wachsende Horste aus dicht stehenden, langen, bogig überhängenden Blättern, frischgrün, im Herbst gelblich.
Blüte: Zylindrische rotbraune Ähren aus sehr kleinen, lang begrannten Blüten an aufrechten bis überhängenden Halmen.
Standort: Nährstoffreiche, nicht zu trockene bis mäßig feuchte Böden.
Pflege: Ausreichend wässern und gelegentlich düngen. Rückschnitt wegen der schönen Winterwirkung erst im Frühjahr.
Tipps: Ob als Solitär, am Teichrand, in der Staudenrabatte oder mit Rosen – überall macht dieses Gras eine gute Figur.

Sorten: 'Hameln', kompakte, früh und sehr reich blühende Sorte, 30/60 cm.

Bodendecker und Farne – vielseitig und anspruchslos

Für Rasen sind Bodendecker kein Ersatz. Sie bedecken den Boden, mehr oder weniger hoch, mehr oder weniger dicht. Manche sind auch durchaus betretbar, wenn es sein muss. Nur, als Spielwiese eignen sie sich wirklich nicht. Auch nicht als Fußballplatz. Das tut aber ein Rasen auch nicht.

Der Boden ist von Natur aus nackt. In freier Natur wird er auch nicht umgegraben. Bedeckt mit Moos, Gräsern, Wildblumen oder Farnen, wird die Erde gut genährt. Bodendecker geben dem Boden genau das, was er wünscht: eine dichte Schicht. Unter ihr kann der natürliche Kreislauf beginnen. Laub, das hindurchfällt, und Regenwürmer verrichten ihre Arbeit. Ganz ohne Ihr Zutun.

Unter den Stauden gibt es besonders viele, die sich durch ihre Wuchsform als Bodendecker eignen (Taubnessel). Aber auch kriechende Halbsträucher (Thymian, Immergrün) oder sogar Sommerblumen (Kapuzinerkresse) eignen sich sehr gut. Nicht zu vergessen die Bodendeckerrosen ('The Fairy'), und last not least die Kletterpflanzen. Fast jede, die ohne Stütze gezogen wird, wächst am Boden entlang. Efeu ist ein Paradebeispiel. Und selbst das Geißblatt (Lonicera japonica) 'Halliana' eignet sich: weiße Blüten bis zum Herbst und frisches Grün bis in den Winter hinein.

Die Arbeit soll immer weniger werden. Das geht nur, wenn keine »freie« Fläche mehr zu sehen ist. Kahle Stellen, die sonst verunkrauten würden, schreien nach einem Bodendecker. Auch einem Hang, der zu steil zum Mähen ist, oder schattigen Plätze, wo kein Rasen wächst, die Stellen zwischen Sträuchern und Bäumen oder vor einer Nordwand verhelfen Bodendecker zu dauerhaftem Grün. Für gelegentliches Betreten eignet sich z. B. Thymian. Er bildet flache Teppiche von 3–5 cm Höhe. Und durch das Betreten wird sein typischer würziger Duft frei.

Ein idealer Bodendecker ist nach Möglichkeit immergrün. Er wächst schnell zu einer dichten Fläche zusammen, hält das Licht fern und gibt dem Unkraut keine Chance. Er ist sozusagen ein lebender Plattenbelag. Genauso mühevoll anzulegen, und je nach Art nicht ganz billig. Aber einmal angelegt, kann man die Arbeit damit fast vergessen.

■ Bodendecker wirken in erster Linie durch die Vielfalt der Blätter. Ein schöner Nebeneffekt: Sie lassen kaum Unkraut aufkommen.

Eine gute Bodenvorbereitung ist unbedingt nötig. Und alles Unkraut muss entfernt werden. Am besten wäre es, die Erde im Sommer drei Monate lang unbepflanzt zu lassen. Dann würde man sofort sehen, wo noch Unkraut verblieben ist. Nur, wer macht das schon? Aber bevor sich die Bepflanzung geschlossen hat, sollte aufkeimendes Unkraut immer wieder entfernt werden. Das ist anfangs mühevoll. Ein »Langzeitdenken« zahlt sich hier ganz besonders aus. Viele Pflanzen ergeben schnell ein geschlossenes Bild, sind aber auch sehr teuer. Außerdem wachsen die Pflanzen bald aus Platzmangel übereinander.

Der Hauptaspekt bei Bodendeckern ist das Laub. Die Blüten spielen nur die zweite Geige und geben meist nur ein kurzes Gastspiel. Ihr Wuchsverhalten kann sehr unterschiedlich sein. Viele Bodendecker bilden an ihren langen Trieben Wurzeln (Immergrün). Sie lassen sich sehr leicht in die gewünschte Richtung ziehen. Aber auch teilen und an anderer Stelle pflanzen. Über Ausläufer, die über der Erde munter »weiterlaufen«, bewegen sich das Gedenkemein wie auch die Erdbeeren fort.

Durch ihren natürlichen Standort unter Bäumen und Sträuchern gibt es mehr Bodendecker für den Schatten als für die Sonne. Das Immergrün hat hübsches Laub, das ganze Jahr hindurch. Das Laub ist im Schatten schöner, die Blüte in der Sonne üppiger. Zumindest **Halbschatten** möchte die Taubnessel mit ihrem grün-weiß gefleckten Laub. In der Sonne fühlt sich der kriechende Thymian wohl – und der Woll-Ziest mit seinen grauwolligen Blättern.
Farne sind urweltliche Pflanzen aus einer Zeit, als es noch keine Blütenpflanzen gab. Und unsere heutigen Farne sind Reste davon, mit einem ganz besonderen Charme. Ich finde es immer wieder faszinierend, wie sie sich aus der Mitte der Pflanze »entrollen«. Ihre Art, sich zu vermehren, ist etwas sonderbar. Sie produzieren Sporen, milionenfach. Diese sitzen gewöhnlich in Lagern an der Unterseite der Blätter und sind als bräunliche Punkte zu erkennen.

»Farne treten in einem Naturgarten aus ihrer urweltlichen Schweigsamkeit heraus.« Das hat der berühmte Gärtner Karl Foerster sehr schön ausgedrückt. Die schlichte Schönheit ihrer Wedel, wie man die Blätter nennt, und ihr majestäti-

sches Aussehen lassen leicht darüber hinwegsehen, dass sie nicht blühen. Sie strahlen eine Ruhe aus, als wollten sie sagen: Jeglichen Schnickschnack haben wir nicht nötig.

Es gibt Farne für alle Standorte, von trocken bis feucht. Die meisten allerdings mögen es feucht und kühl. Eine waldbodenähnliche Erde, gut durchlässig mit hohem Laubanteil, behagt ihnen sehr. Die beste Pflanzzeit ist der Frühling. Einmal etabliert, sind Farne äußerst pflegeleicht.

Fast jeder ältere Garten hat schattige Bereiche. Gibt es dunkle Winkel, kahle Flecken und hoffnungslose Stellen in Ihrem Garten? Haben Sie einmal an einen Farn gedacht? Unter Bäumen, zwischen Sträuchern, als ruhiger, anspruchsloser Hintergrund, in der Nähe von Wasser, am Fuß einer Mauer – alles passende Plätze. Farne müssen ein bisschen urig wirken dürfen. Schließlich gehören sie zu den älteren Gewächsen unserer gesamten Flora.

■ Dunkel- und buntlaubige Formen machen sich im Schatten zum hellen Grün der Farne besonders gut, vor allem, wenn sie etwas großblättriger sind.

Immergrüne Elfenblume

(Epimedium pinnatum subsp. *colchicum,*
Syn.: *E. p.* 'Elegans')

⬆ 20–30 cm 4–5 ◐–●

Robuster Flächendecker mit schöner Herbstfärbung.
Wuchs: Durch Ausläufer gebildete dichte Teppiche aus ledrigen, immergrünen, zugespitzt herzförmigen Blättern an drahtigen Stielen, im Herbst
mit buntem Farbspiel in Rot- und Grüntönen.
Blüte: Kleine hellgelbe Blüten in lockeren Rispen
über dem Laub.
Standort: Nährstoffreiche, humose, mäßig
trocken bis feuchte Böden.
Pflege: Braucht keine Pflege. Bei Bedarf
unschöne Blätter im Frühjahr abschneiden.
Tipps: Eignet sich gut für Gehölzränder und
als Einfassung schattiger Beete, zusammen
mit Farnen und Gräsern.

Weitere Art: *E.* × *rubrum,* sommergrün, 20–30 cm,
mit roten, innen gelblichen, größeren Blüten, blüht
4–5.

Purpurglöckchen

*(Heuchera-*Hybriden)

⬆ 30–60 cm 6–8 ○–◐

Attraktiver Bodendecker mit rötlichem Blätter-
teppich und duftigen Blüten.
Wuchs: Breite buschige Polster mit großen,
rundlichen, gelappten, wintergrünen Blättern,
oft rötlich gefärbt.
Blüte: Winzige Blütenglöckchen in schlanken
Rispen an straffen Stielen über dem Laub, in
Weiß, Rosa oder Rot.
Standort: Humose, nährstoffreiche, frische bis
feuchte, lockere Böden.
Pflege: Relativ tief einpflanzen. Bei Trockenheit
wässern. In rauen Lagen eine Mulchdecke als
Winterschutz geben.
Tipps: Sehr schön als Beeteinfassung, am
Gehölzrand oder in Töpfen.

Sorten: Es gibt zahlreiche Sorten mit unterschiedlicher
Blattfärbung, etwa 'Plum Pudding', schwarzrot mit
silbriger Zeichnung; 'Stormy Seas', oberseits silbrig rot,
unterseits weinrot.
Weitere Art: *H. micrantha* 'Palace Purple', Blätter
schärfer gezackt, oberseits bronzefarben, unten rötlich,
60–80 cm, blüht weiß, 7–8.

Gefleckte Taubnessel

(Lamium maculatum)

⬆ 15–30 cm 5–6 ◐–●

Robust und pflegeleicht mit attraktiver Blatt-
zeichnung.
Wuchs: Flächendeckend durch zahlreiche Ausläufer aus kurzen Trieben mit kreuzförmig gegenüberstehenden, zugespitzt eiförmigen Blättern,
dunkelgrün oder gelbgrün, oft mit Zeichnung.
Blüte: Rotviolette oder weiße Lippenblüten in
dichten Quirlen über dem Laub.
Standort: Lockere, nährstoffreiche, frische bis
feuchte Böden.
Pflege: Braucht keine Pflege.
Tipps: Lässt sich schön mit Gräsern, Farnen,
Storchschnabel und Zwiebelblumen kombinieren.

Sorten: 'Album', weiß blühend; 'Chequers', Blätter
grün mit silbernem Mittelstreifen, rosaviolett; 'Golden
Nuggets', gelbgrünes Laub, blüht rotviolett; alle
20–30 cm hoch.

Gedenkemein

(Omphalodes verna)

↑ 15–20 cm ✿ 3–5

Besticht durch das herrliche Blau der Blüten und das stets sauber wirkende Laub.

Wuchs: Die Ausläufer bilden dichte Teppiche aus mit großen, hellgrünen, eiförmigen Blättern besetzten Trieben.

Blüte: Lilablaue, tellerförmige, an Vergissmeinnicht erinnernde Blüten, die aus den Blattachseln erscheinen.

Standort: Jeder lockere, humose, frische bis mäßig feuchte Gartenboden.

Pflege: Im Frühjahr bei Bedarf organisch düngen oder mit etwas Mulch versorgen, sonst keine Pflege notwendig. Falls es sich zu stark ausbreitet, kann man das Gedenkemein leicht abstechen.

Tipps: Wirkt sehr schön in größeren Gruppen am Gehölzrand, zusammen mit Zwiebelblumen, aber auch mit Astilben, Farnen und Elfenblumen.

Lungenkraut

(Pulmonaria angustifolia)

↑ 20–30 cm ✿ 3–5

Hübscher und robuster Frühlingsblüher mit auffälligen, leuchtend blauen Blüten.

Wuchs: Teppiche aus kriechenden Trieben mit länglich eiförmigen, dunkelgrünen, rau behaarten Blättern.

Blüte: Kleine, im Aufblühen rötliche, danach blaue Blütenglocken in kurz gestielten, dichten Trauben.

Standort: Lockere, humose, frische bis feuchte Böden an kühlen Plätzen.

Pflege: Bei Trockenheit gießen (Vorbeugung gegen Mehltaubefall). Sonst keine Pflege nötig.

Tipps: Lässt sich gut im Halbschatten oder vor Gehölzen mit Elfenblumen, Gedenkemein sowie Gräsern und Farnen kombinieren.

Sorten: 'Azurea' blüht leuchtend enzianblau.
Weitere Art: *P. officinalis*, das <u>Echte Lungenkraut</u>, Blätter weiß gefleckt, 20–30 cm, blüht rosa oder weiß, 4–5; 'Sissinghurst White', großblütig, weiß.

Gold-Fetthenne

(Sedum floriferum 'Weihenstephaner Gold')

↑ 10–15 cm ✿ 7–9

Einer der besten Bodendecker für sonnige Plätze, mit lang andauernder Blüte und stets attraktivem Laub.

Wuchs: Niedrige Teppiche aus Ausläufer bildenden Trieben, dicht besetzt mit kleinen, schmal eiförmigen Blättchen, dunkelgrün, im Herbst rötlich.

Blüte: Leuchtend gelbe Blütensterne aus rötlichen Knospen in flachen, schirmförmigen Trauben über dem Laub.

Standort: Durchlässige, trockene bis frische Böden.

Pflege: Braucht keine Pflege.

Tipps: Lässt sich vielseitig verwenden, ob am sonnigen Beetrand oder als Lückenfüller, im Steingarten oder als Dachbegrünung.

Weitere Art: *S. hybridum* 'Immergrünchen', immergrün mit dicht stehenden Trieben aus kleinen rundlichen Blättchen, 10–15 cm, blüht gelb, 7–8.

Woll-Ziest

(Stachys byzantina)

⬆ 10–30 cm ❀ 7–8 ○

Das dezente Silbergrau vermittelt wunderbar zwischen verschiedensten Blatt- und Blütenfarben einer Rabatte.
Wuchs: Kriechende Teppiche aus Ausläufer bildenden Büscheln silbergrauer, filzig behaarter, eiförmiger Blätter.
Blüte: Sehr kleine, rosa Lippenblüten in filzig behaarten, kerzenförmig angeordneten Quirlen an aufrechten Trieben.
Standort: Nährstoffarme, durchlässige, trockene bis frische Böden an vollsonnigen Plätzen. Auf zu feuchten Böden Fäulnis.
Pflege: Keine Pflege nötig.
Tipps: Passt sehr gut zu anderen trockenheitsverträglichen Stauden wie Gold-Garbe, Kugeldistel, Lavendel, Katzenminze oder Salbei sowie zu Gräsern.

Sorten: 'Silver Carpet', wie die Art, aber kaum Blütentriebe bildend, 10 cm (ohne Blüten).

Thymian

(Thymus serpyllum)

⬆ 5–10 cm ❀ 6–7 ○

Duftende Polsterteppiche für Steingarten, Wegeinfassungen und Plattenfugen.
Wuchs: Bodendeckende Teppiche aus kriechenden Trieben mit kleinen, elliptischen, duftenden Blättchen.
Blüte: Kleine Lippenblüten in Rosa, Rot oder Weiß, in rundlichen Quirlen an den Triebenden.
Standort: Magere, durchlässige, trockene bis frische Böden, auch auf sandigen oder steinigen Substraten.
Pflege: Keine Pflege notwendig. Verkahlen die Polster in der Mitte, empfiehlt sich ein Rückschnitt nach der Blüte.
Tipps: Hübsch wirken die Thymian-Teppiche im Kräutergarten oder zusammen mit niedrigen Bart-Iris, kleinen Glockenblumen und Gold-Fetthenne.

Sorten: 'Albus', weiß; 'Coccineus', karminrot, jeweils 5–10 cm. Im Handel werden diese Sorten teilweise auch unter *T. praecox* geführt.

Immergrün

(Vinca minor)

⬆ 10–20 cm ❀ 4–5 ◑–●

Sogar im tiefsten Schatten blüht und gedeiht dieser problemlose Bodendecker.
Wuchs: Wurzelnde teppichartige Triebe mit immergrünen, glänzenden, breit lanzettlichen, sich abwechselnd gegenüberstehenden dunkelgrünen Blättern.
Blüte: Blau- oder rotviolette, purpurfarbene oder weiße Blütensterne in den Achseln der Blätter.
Standort: Lockere, mäßig trockene bis mäßig feuchte Böden im kühlen Schatten.
Pflege: Braucht keine Pflege. Zu große Teppiche bei Bedarf abstechen.
Tipps: Farne, Schattengräser und Elfenblumen sind gute Partner. Vorsicht, die Pflanze ist giftig!

Sorten: 'Atropurpurea' (= 'Rubra'), rotviolett, 20 cm; 'Gertrude Jekyll', weiß, zierlicher als die Art, 20 cm.

Hirschzungenfarn

(Asplenium scolopendrium, Syn.: *Phyllitis scolopendrium)*

⬆ 20–30 cm ◑–●

Ungewöhnlich in der Blattform, zeigt sich dieser Farn am richtigen Standort langlebig und pflegeleicht.

Wuchs: Kleine Horste aus wintergrünen, ledrigen, zungenförmigen Blättern in frischem Grün, die sich langsam kriechend ausbreiten.

Standort: Nährstoffreiche, feuchte, kalkhaltige Böden, möglichst an luftfeuchten Stellen ohne Wintersonne.

Pflege: Bei Trockenheit wässern. Unschöne Blätter im Frühjahr abschneiden. In rauen Lagen im Winter mit Mulch abdecken.

Tipps: Schön in schattigen Fugen und an Wegrändern, am Gehölzrand zusammen mit anderen Farnen und Bodendeckern.

Wurmfarn

(Dryopteris filix-mas)

⬆ 60–100 cm ◑–●

Einer der robustesten Farne für den Garten, ideal für Anfänger.

Wuchs: Trichterförmig angeordnete, breite, doppelt gefiederte Wedel in Dunkelgrün, mit braunen Sporenhäufchen auf den Unterseiten. Zunächst eingerollt wie ein Bischofsstab, entrollen sie sich allmählich beim Austrieb.

Standort: Jeder nährstoffreiche humose normale Gartenboden.

Pflege: Bei Bedarf wässern, sonst keine Pflege nötig.

Tipps: Passt sehr gut zu Akelei, Astilben, Hosta, Gräsern und vielen anderen Stauden an den Gehölzrand oder in schattige Gartenbereiche.

Straußfarn, Trichterfarn

(Matteuccia struthiopteris)

⬆ 80–120 cm ◑–●

Aufgrund seiner schönen Wedel und des angenehmen Grüntons der wohl attraktivste Gartenfarn – wegen der Ausläufer allerdings am besten für größere Gärten.

Wuchs: Schlanke Trichter aus großen, breit elliptischen, hellgrünen Wedeln mit sehr regelmäßiger Fiederung. In der Mitte der Trichter treiben im Sommer die braunen, fruchtbaren Wedel, die die Sporenhaufen tragen. Der Straußfarn bildet Ausläufer, durch die er sich allmählich ausbreitet.

Standort: Nährstoffreiche, lockere, humose, ausreichend feuchte Böden.

Pflege: Bei Trockenheit rechtzeitig wässern, sonst welken die Blätter. Unerwünschte Ausläufer mit dem Spaten abstechen.

Tipps: Wirkt sehr schön für sich vor Gehölzen und am Teichrand, z. B. mit Astilben, Fingerhut, Rhododendren und Riesen-Glockenblume.

Sorten: 'Cristatum' bzw. 'Undulatum' haben gewellte Blattränder.

Zwiebelblumen sind jedes Jahr für eine Überraschung gut

Alle Jahre wieder erscheint diese muntere Gesellschaft aus dem vermeintlichen Nichts. Allerdings nur, wenn man ihr verwelkendes Laub nicht entfernt und Mäuse sie nicht zu ihrer Lieblingsspeise gewählt haben. Kaum ist der Schnee geschmolzen, sind Schneeglöckchen und Winterlinge zur Stelle – so als hätten sie nur auf den Startschuss gewartet.

Ihre Blüten haben etwas Transparentes, die Farben sind zart. Die leisen Töne sind gefragt, nach und nach wird es lauter und bunter. Das Schönste an ihnen ist für mich, dass ich sie jedes Jahr aufs Neue entdecke. An Stellen, die ich vergessen habe, und an Stellen, die sich die Amseln ausgesucht haben (um kleine Zwiebelchen zu verschleppen). Auf die Überraschung, dass eine Narzisse sich nicht schämt, leuchtend gelb zu erblühen – obwohl es eine weiße Sorte sein sollte –, könnte ich verzichten. Auch haben z. B. weiße *Scilla* die Angewohnheit, nach Jahren mir beweisen zu wollen, dass sie ja eigentlich Blausternchen heißen.

Nicht alle Zwiebelblumen haben auch Zwiebeln. Der Einfachheit halber werden Zwiebel- und Knollenpflanzen unter diesem Begriff zusammengefasst. **Zwiebeln** haben die bereits »fertige« Blütenknospe in ihren Schalen eingebettet. Die Pflanze, z. B. Tulpe oder Narzisse, sitzt unter der Erde in den Startlöchern – bereit, bei genügend Feuchtigkeit und Wärme zu explodieren.

Knollen fehlt die Schale. Ihre »Vorratskammern« haben die unterschiedlichsten Formen, aus denen sich die Pflanze aufbaut (z. B. Anemonen oder Winterlinge). Dazwischen gibt es eine ganze Reihe von Übergangsformen. Alle sind in der Lage, durch diese unterirdischen Organe über längere Zeit zu leben und jedes Jahr neu zu »erwachen«.

Zwiebelblumen sind mehrjährig. Vom Verhalten her sind sie Stauden. Sie verholzen nicht und zeigen nicht die geringste Lust zu klettern.

Fast von allein werden sie immer mehr. Kleine Brut- oder Tochterzwiebelchen werden fleißig produziert, die man zur vegetativen Vermehrung, also der Vermehrung durch Pflanzenteile, einfach abnehmen und einpflanzen kann. Die Nachkommenschaft, und zwar die sortenechte, ist gesichert.

■ Sonnig blühende Narzissenpracht – und der Frühling kann kommen. So stellt man sich ein richtiges Osterbeet vor.

Zu groß gewordene Gruppen lassen sich leicht nach der Blüte teilen: mit der Grabegabel hochheben, an den Blättern festhalten, vorsichtig auseinander ziehen und an anderer Stelle neu pflanzen. So werden sie von Jahr zu Jahr mehr!

Ihre Wünsche sind recht bescheiden für das, was sie zu geben bereit sind. Guter, normaler Gartenboden – keine Staunässe – tief genug pflanzen (siehe Seite 54 ff.) – welkes Laub nicht abschneiden (sonst nimmt man ihnen die Nahrung). Sollte es während der Blütezeit sehr trocken sein, freuen sie sich über Wasser. Danach nicht mehr. Verpflanzt wird nach der Blüte. Je früher, desto besser können sich die Zwiebelblumen etablieren. Und wir uns erinnern, was was ist. Man sieht sie und sticht nicht mitten hinein.

Der einzige Platz, an den keine Zwiebeln gehören, ist ein Beet, in dem ständig gegraben und gepflanzt wird. Sie möchten ihre Ruhe haben – möglichst an Stellen, die über Jahre ungestört bleiben. Natürlich kann man auch jedes Jahr neu pflanzen, wenn man zu viel Geld hat.

Mit Zwiebelblumen allein ließe sich kein Garten gestalten. Ihm würden Höhe und Struktur fehlen, und im Winter wäre er nicht da. Denn sie ziehen ihr Laub ein und überwintern unter der Erde. Platz für Blumenzwiebeln gibt es überall – vom kleinsten Balkonkasten bis zum größten Park. Klotzen und nicht kleckern ist hier angesagt. Von sechs Krokussen in 10 m Entfernung wird man nicht viel haben.

Wildformen, früh blühende »Kleine« wie Blausternchen, kleinblütige Narzissen und Tulpen sehen in einem naturnahen Garten sehr hübsch aus. Hier können sie sich locker ausbreiten, verwildern, mit der Zeit zu blühenden Teppichen werden. Das macht am allerwenigsten Arbeit. **Gartenformen** von Tulpen, Dahlien usw. wirken gut in Rabatten und Beeten, jedoch nicht in Reih und Glied »eine weiße Tulpe, eine rote, eine weiße, eine rote usw.«. In Tuffs gepflanzt, sind sie viel schöner. Je kleiner die Pflanze, desto größer die Stückzahl. Ein Schneeglöckchen als Solitär wirkt lächerlich.

Frühlingsblüher haben eine kurze Blütezeit. Lassen Sie Stauden das verwelkende Laub verdecken. Oder füllen Sie Lücken mit Sommerblumen. Ihr großer Vorteil ist, dass sie

ihren »Auftritt« haben, bevor sich der Garten mit anderem füllt.

Die »großen Drei« – Narzissen, Tulpen und Lilien – füllen den Garten vom Vorfrühling bis zum Spätsommer. **Narzissen** sind am leichtesten zu kultivieren, am winterhärtesten und blühen, je nach Sorte, von März bis Mai. Sie haben die charakteristische Zwiebelform. Besonders reich blühen Zwiebeln mit »Doppelnasen«. Ab April treten **Tulpen** in den Reigen ein. Die Auswahl ist riesig. Frühe einfache, Späte gefüllte, Lilienblütige mit zugespitzten Blütenblättern, von Weiß über Rot bis hin zu mehrfarbigen. Heute ist für uns kaum zu verstehen, dass man für Tulpen einmal ein Vermögen ausgab und sich in Schulden stürzte.

Lilien sind Sommerschönheiten, aber nicht ganz einfach. Durch ihre unterschiedlichen Wünsche an Standort, Pflanztiefe und -zeit sind sie eher etwas für Fortgeschrittene. Anfänger haben es mit **Montbretien** sehr viel leichter.

■ Zierlauch und Steppenkerzen sind nur zwei Beispiele für Sommerblüher unter den Zwiebelblumen, die einem Beet besonderen Charakter verleihen.

Zier-Lauch, Iran-Lauch
(Allium aflatunense)

⬆ 70–100 cm   ✿ 5–6   ○

Die leuchtkräftigen Blütenkugeln sorgen für attraktive Farbtupfer im Frühsommer.

Wuchs: Kräftiger Trieb mit riemenförmigen Blättern aus großer Zwiebel.

Blüte: Kleine, sternförmige, purpurfarbene Blüten in großer kugelförmiger Dolde am Ende der Triebe.

Standort: Nährstoffreiche, gut durchlässige, mäßig trockene bis frische Böden.

Pflege: Zum Austrieb düngen, Stiele nach dem Verblühen abschneiden, sonst keine Pflege nötig.

Tipps: Am besten in kleineren Gruppen und in den Mittel- oder Hintergrund pflanzen, wo die Lücke nach dem Einziehen wenig auffällt. Gute Schnittblume.

Sorten: 'Purple Sensation', großblütiger, mit tief purpurvioletten Blüten, 80–100 cm.
Weitere Art: *A. christophii*, <u>Sternkugel-Lauch</u>, mit bizarren silbervioletten Blütenkugeln auf kurzen Stielen, 40–60 cm, blüht 6–7.

Strahlen-Anemone, Balkan-Anemone
(Anemone blanda)

⬆ 15–25 cm   ✿ 3–4   ◑

Teppiche aus zarten Blütensternen, die im Frühling jeden Gartenfreund bezaubern.

Wuchs: Einblütige kurze Triebe mit jeweils zwei dreiteiligen, gelappten Blättern. Wächst aus sich verzweigender Knolle und bildet mit der Zeit große Gruppen.

Blüte: Sternförmig, mit vielen Blütenstrahlen, blau, rosa oder weiß, mit gelber oder weißer Mitte.

Standort: Humoser, mäßig trockener bis frischer Boden an im Frühjahr sonnigen Plätzen.

Pflege: Knollen vor dem Setzen für einige Stunden in Wasser quellen lassen. Braucht keine Pflege.

Tipps: Ideal für Beete oder freie Flächen vor Gehölzen (keine Immergrünen!), zusammen mit anderen Frühlingsblühern.

Sorten: 'Pink Star', rosa; 'White Splendour', weiß, großblütig.

Herbstzeitlose
(Colchicum-Hybriden)

⬆ 15–20 cm   ✿ 9–10   ○–◑

Wie große Krokusse im Frühherbst erscheinen diese leuchtenden Blütentupfer.

Wuchs: Aus zwiebelförmigen Knollen treiben im Frühjahr die großen hellgrünen Blätter und der Fruchtstand der vorjährigen Blüte. Das Laub zieht im Sommer ein, im Herbst treiben (blattlos) die Blüten.

Blüte: Trichterförmig mit langer Röhre, die halb in der Erde steckt. In Rosa, Weiß, auch gefüllt.

Standort: Nährstoffreiche, frische bis mäßig feuchte Böden.

Pflege: Im Spätsommer (August) 15–20 cm tief pflanzen. Sonst keine Pflege.

Tipps: Schön vor Gehölzen oder in Wassernähe. Die ganze Pflanze ist hochgiftig!

Sorten: 'Autumn Queen', dunkelviolett; 'Lilac Wonder', fliederfarben, reichblütig; 'Waterlily', lilarosa, gefüllt, sehr großblütig.

Montbretie

(Crocosmia × crocosmiiflora)

↕ 60–100 cm ✿ 7–9 ○

Exotisch wirken die an Gladiolen erinnernden Blüten in leuchtenden Farben.

Wuchs: Zwiebelförmige Knollen mit vielen Tochterknollen, wächst horstartig mit schwertförmigen, schlanken Blättern.

Blüte: Trichterförmige Blüten in langen Ähren an bogenförmigen Trieben über dem Laub, in Orange, Rot, Gelb.

Standort: Durchlässiger, frischer Boden in warmer, sonniger Lage.

Pflege: Im frühen Frühjahr pflanzen. In rauen Lagen abdecken, vor Winternässe schützen.

Tipps: In Gruppen in sonnigen Staudenbeeten oder -rabatten verwenden. Passt gut zu weißen oder blauen Farben.

Sorten: 'Emily McKenzie', orange mit dunkler Mitte, 60–80 cm.

Weitere Art: *C. masoniorum*, ähnlich, aber höher und großblütiger; z.B. 'Lucifer', feuerrot, 100–120 cm. Teilweise werden die Sorten im Handel auch als C.-Hybriden bezeichnet.

Elfen-Krokus

(Crocus tommasinianus)

↕ 5–10 cm ✿ 2–4 ○–◑

Der ideale Krokus zum Verwildern.

Wuchs: Eintriebige Knollenblume, die reichlich Tochterknollen bildet, mit schmalem grasartigem Laub, dunkelgrün mit hellem Mittelstreifen.

Blüte: Schlanke Trichterblüten in hellem Violett mit langer Kronröhre.

Standort: Jeder frische bis mäßig trockene Gartenboden auf im Frühjahr sonnigen Plätzen.

Pflege: Keine Pflege notwendig.

Tipps: Am besten in Gruppen oder flächenweise pflanzen, vor und unter Laub abwerfenden Gehölzen oder im lückigen Rasen. Dazu passen Winterlinge, Schneeglöckchen und andere Krokusse.

Weitere Art: C.-Hybriden, die **Garten-Krokusse**, sind großblütiger und weniger zierlich, 10–15 cm hoch, sie blühen etwas später (3–4) in bunten Farben, von Weiß über Gelb und Violett bis zweifarbig.

Dahlie

(Dahlia-Hybriden)

↕ 30–150 cm ✿ 7–10 ○

Aus dem Blütenherbst nicht wegzudenken.

Wuchs: Aufrechte, meist straffe Triebe aus großer Knolle, mit großen, dunkelgrünen, elliptischen Blättern.

Blüte: Große Körbchenblüten in umfassender Farbpalette (außer Blau), je nach Sorte ungefüllt bis stark gefüllt.

Standort: Nährstoffreiche lockere Gartenböden ohne Staunässe.

Pflege: Die nicht winterharten Knollen Ende April pflanzen, mäßig düngen, bei Bedarf stäben. Triebe nach der Blüte abschneiden, ausgegrabene Knollen in Sandkisten frostfrei überwintern.

Tipps: Gruppenweise pflanzen.

Sorten: Die Palette ist unüberschaubar: Ungefüllte Blüten haben u.a. Mignon-Dahlien; halbgefüllte die Duplex-Dahlien ('Bishop of Llandaff', leuchtend rot mit purpurbraunem Laub); gefüllte die Schmuck-Dahlien (innen dicht gefüllt, außen ein Blütenblätter-Kranz), Pompon-Dahlien (kleine dichte Blütenkugeln) und Kaktus-Dahlien (große Blüten mit zusammengerollten Blütenblättern).

Winterling
(Eranthis hyemalis)

⬆ 5–10 cm   ✳ 2–3   ◑

Absolut pflegeleichter heimischer Frühjahrsblüher, gut zum Verwildern.

Wuchs: Ausläufer bildende Knollenpflanze mit handförmig zerteilten Blättern (erscheinen meist nach der Blüte), die in dichten Teppichen wächst.

Blüte: Leuchtend gelbe Schalenblüten auf kurzen Stielen mit einer »Halskrause« aus einem Hochblatt.

Standort: Jeder nicht zu trockene Gartenboden (keine Staunässe!) in im Frühjahr heller Lage.

Pflege: Gleich nach dem Kauf pflanzen und Knollen am besten einige Stunden in Wasser einweichen. Sonst keine Pflege notwendig.

Tipps: Wunderbar unter Laub abwerfenden Gehölzen, zusammen mit Elfen-Krokussen und Schneeglöckchen.

Schneeglöckchen
(Galanthus nivalis)

⬆ 10–15 cm   ✳ 2–3   ◑

Neben Winterlingen die ersten Frühjahrsboten im Garten – natürlich schön und unverzichtbar.

Wuchs: Eintriebige Zwiebelblume mit linealischen, blaugrünen Blättern.

Blüte: Schneeweiße Blütenglocken mit grün geflecktem »Krönchen« in der Mitte hängen einzeln an den nickenden Stielen.

Standort: Humose, frische bis feuchte Böden.

Pflege: Keine Pflege nötig. Teilen und Verpflanzen lassen sich Schneeglöckchen gleich nach der Blüte.

Tipps: Am Gehölzrand und im lückigen Rasen, am besten in kleinen Gruppen pflanzen. Ameisen sorgen für die Verbreitung der Samen.

Traubenhyazinthe
(Muscari armeniacum)

⬆ 15–25 cm   ✳ 4–5   ○–◑

Pflegeleichter Begleiter für sonnige Beete mit Zwiebelblumen.

Wuchs: Mehrtriebige Zwiebelblume mit schmal linealischen, rinnigen Blättern.

Blüte: Kleine, krugförmige, tiefblaue Blüten mit schmalem weißem Rand, in dichten kegelförmigen Trauben auf straffen Stielen.

Standort: Nährstoffreiche, mäßig trockene bis frische Böden.

Pflege: Keine Pflege notwendig. Das Laub zieht nach der Blüte den Sommer über ein und treibt bereits im Herbst wieder aus – nicht abschneiden.

Tipps: Passt wunderbar zu anderen Frühjahrs-Zwiebelblumen, v.a. zu Tulpen und Narzissen. Am besten in Gruppen oder als Beeteinfassung pflanzen.

Weitere Art: *G. elwesii*, großblütiger, sonst ähnlich, 15–20 cm, blüht ebenfalls 2–3.

Narzisse

(Narcissus-Hybriden)

⬆ 30–60 cm ✿ 3–5 ○–◑

Neben Tulpen <u>der</u> Klassiker im Frühling.

Wuchs: Große Zwiebeln mit einem oder mehreren Trieben und riemenförmigem blaugrünem Laub.

Blüte: Typische sternförmige Blüte auf straffen Stielen, mit kurzer oder langer röhrenförmiger »Nebenkrone«, in Gelb, Weiß, Orange, auch zweifarbig und gefüllt.

Standort: Nährstoffreiche, frische bis mäßig feuchte Gartenböden.

Pflege: Fruchtstände abschneiden, Blätter einziehen lassen.

Tipps: Einzelne Sorten am besten gruppenweise setzen. Gut zum Schnitt.

Sorten: Es gibt eine Unmenge an Sorten. Man unterscheidet verschiedene Gruppen, darunter Trompeten-Narzissen (»<u>Osterglocken</u>« mit trompetenförmiger Nebenkrone), Großkronige und Kleinkronige Sorten sowie Gefüllte.
Weitere Art: *N. poeticus*, <u>Dichter-Narzisse</u>, blüht 4–5 in Schneeweiß mit kleiner orangegelber Nebenkrone, stark duftend, 30–50 cm.

Sibirischer Blaustern

(Scilla siberica)

⬆ 10–15 cm ✿ 3–5 ○–◑

Die niedrigen zarten Blütenteppiche ergeben eine wunderbare Unterpflanzung.

Wuchs: Zwiebelpflanze mit mehreren Trieben und breit linealischem Laub, bildet allmählich dichte Teppiche.

Blüte: Ausgebreitete blauviolette, selten weiße, hängende Blütensterne, in lockeren Trauben an den leicht gebogenen Stängeln.

Standort: Jeder mäßig trockene bis frische, durchlässige Gartenboden.

Pflege: Keine Pflege nötig, breitet sich durch Tochterzwiebeln und Samen allmählich aus.

Tipps: In größeren Gruppen pflanzen, auf Beeten, am Gehölzrand und im Steingarten. Passt sehr gut zu Tulpen.

Sorten: ʻAlbaʼ, reinweiß; ʻSpring Beautyʼ, großblütiger, intensiv blau mit dunkler Mittelrippe.

Tulpe

(Tulipa-Hybriden)

⬆ 30–60 cm ✿ 4–5 ○

Kein Frühling ohne Tulpen im Garten! Die Vielfalt lässt keine Wünsche offen.

Wuchs: Aufrechte Zwiebelblume mit zungenförmigem graugrünem Laub.

Blüte: Kelchförmig an straffen Stielen, in vielen Farben, je nach Sorte auch zweifarbig oder gefüllt.

Standort: Mäßig trockene bis frische Gartenböden, ideal ist sandiger Lehm.

Pflege: Beim Austrieb etwas düngen. Fruchtstände abschneiden, Laub einziehen lassen.

Tipps: In kleinen oder größeren Gruppen, auch gemischt. Schön zusammen mit Vergissmeinnicht und Blausternchen.

Sorten: Die riesige Sortenpalette umfasst u. a. Frühe und Späte, Lilienblütige (mit zugespitzten Blüten) und Papageien-Tulpen (in gefransten Formen) sowie botanische Arten (siehe unten).
Weitere Art: *T. kaufmanniana*, eine Wild-Tulpe mit bei Sonne breit geöffneten Blüten (»<u>Seerosen-Tulpe</u>«), blüht 3–4 in Rot-, Weiß- und Gelbtönen, oft mehrfarbig, 20–30 cm.

Sommerblumen sind der leichteste Weg zur »Flower-Power«

Und sie tanzten nur einen Sommer. Doch welch fröhlicher, übermütiger Tanz. Wenn sie sich jetzt nicht austoben, eine zweite Gelegenheit bekommen sie nicht. Sie stecken ihre ganze Energie in ihre Blüten – jetzt oder nie!

Bei guten Bedingungen bringen sie mehr Farbe über eine längere Blütezeit in den Garten als alle anderen Pflanzengruppen. Dazu brauchen sie gute Startbedingungen (lockeren, nährstoffreichen Boden). Sie haben nur eine Saison zum Wachsen, Blühen und Samenbilden. Danach sterben sie ab. Zeitraffer nennt man so etwas. Wenn Sie die verwelkten Blütenstände abschneiden, werden fleißig neue produziert. Der Wille zu leben und der Drang, sich durch Samen fortzupflanzen, müssen gewaltig sein.

Es gibt sogar winterharte Einjährige, so paradox das klingt. Sie keimen bei niedrigen Temperaturen und können deshalb schon im März dort ausgesät werden, wo sie auch wachsen sollen. Vergissmeinnicht und Kapuzinerkresse gehören dazu.

Sommerblumen sind einfach schön. Unzweifelhaft. In England werden sie sogar »kindergarten plants« genannt. Aber sie machen auch Arbeit. Jedes Jahr aufs Neue. Dafür ist ein Fehlgriff nicht so endgültig. Ein neues Jahr – eine neue Chance.

Und was man mit ihnen nicht alles machen kann: Sie füllen nicht nur die Lücken bei einer Neuanlage, auch die der Zwiebelblumen und frühen Stauden (Tränendes Herz). Einjährige füllen das viel beklagte »Augustloch«, das wirklich keins zu sein braucht. Sie bringen die leuchtendsten Farben in den Garten und ins Haus. Herrliche Sommersträuße lassen sich zusammenstellen.

Bunt kann fröhlich und lustig sein – wie ein heiterer Sommertag. Achten Sie darauf, dass es nicht zu bunt wird. Auch hier ist eine Farbabstimmung wichtig. Alle Gelb-, Orange- und Rottöne harmonieren, genau wie Weiß, Rosa und Violett. Gelb und Violett ist sehr hart, und Gelb und Rosa – na ja. Im Frühling ergänzen sich Zweijährige und kleine Zwiebelblumen. Im Sommer Einjährige und beispielsweise

■ Bunte Farben sind in erster Linie Sache der Sommerblumen. Sie versprühen richtig Lebensfreude, und das viele Wochen lang.

Dahlien. Die meisten mögen Sonne und Wärme. Im Schatten blüht das »Fleißige Lieschen«. Aber auch Lobelien, Stiefmütterchen, Kapuzinerkresse und sogar, nach meiner Erfahrung, Levkojen blühen munter an schattigeren Stellen.

Einjährige überleben ihre erste Wachstumsperiode nicht. Sie säen sich gerne selbst aus. Und neue Pflanzen erscheinen im nächsten Jahr. Oft an völlig unverhoffter Stelle und von anderem Aussehen.

Eine klassische Einjährige ist die Kosmee oder Schmuckkörbchen. Mit zierlichem Laub und hübschen Blüten in Weiß, Rosa oder Hellrot. Hummeln scheinen sie als Landeplatz sehr attraktiv zu finden. Schnell und leicht erreicht die kletternde Kapuzinerkresse eine Höhe von 3 m. Trichterförmige Blüten in Gelb, Orange oder Rot erscheinen in Hülle und Fülle.

Nicht jedermanns Sache sind Studentenblumen *(Tagetes)*. Bei ihren leuchtenden Orangetönen und üppigen Blütenbällen muss man schon ein Freund kräftiger Farben und Formen sein. Harmonischer lassen sich ihre feineren Verwandten in klarem Zitronengelb kombinieren.

Zweijährige entwickeln sich im ersten Jahr. Im nächsten Jahr blühen sie und sterben. Auch sie säen sich fleißig aus und sind immer »da«. Die meisten blühen im Frühling. Sie müssen ja nicht mehr bei null anfangen. Warum schaut das Stiefmütterchen nur so verdrießlich? Bei den vielen hübschen Farben. Jedes Jahr kommen neue Züchtungen mit noch schöneren Farbkombinationen heraus. Das Vergissmeinnicht sieht immer so aus, als sei es mit sich und der Welt zufrieden.

Sommerblumen wirken am besten in Massen. Dazu braucht man Platz. Den Sie vielleicht nicht haben. Mini-»Flower Power« kann sehr reizvoll in Ampeln oder Hängekörben sein. Außer »Fleißigen Lieschen« und Lobelien sind Begonien und kleine Petunien sehr hübsch. Mal etwas Fantasievolleres als Geranien ist der Elfensporn *(Diascia barberae)*. An seinen zartrosa oder auch kräftiger getönten Blüten kann man sich von Mai bis zum Frost erfreuen. Er wirkt mit seinen überhängenden Blütentrieben am besten solo.

■ Sommerblumen, ein- wie zweijährig, lassen sich auch gut mit Stauden kombinieren.

■ Zweijährige wie das Vergissmeinnicht passen besonders gut zu Tulpen und Narzissen.

Kosmee, Schmuckkörbchen
(Cosmos bipinnatus)

↕ 60–140 cm ❀ 7–10 ○–◑

Eine der schönsten und dankbarsten Sommerblumen, duftiger Langzeitblüher mit apartem Laub.
Wuchs: Aufrechte, breite Büsche aus reich verzweigten Trieben, Blätter nadelfein gefiedert.
Blüte: Große Schalenblüten in Rosa, Karminrot oder Weiß mit gelber Mitte aus kurzen Staubblättern.
Standort: Nährstoffreicher, lockerer Gartenboden an sonnig-warmen Plätzen.
Pflege: Ab Ende April Aussaat direkt ins Beet oder Vorkultur ab März. Sparsam düngen, bei Bedarf stäben. Die Blütezeit verlängert sich, wenn man regelmäßig verblühte Blüten abschneidet.
Tipps: Passt sowohl ins Staudenbeet als auch zu Rosen und Sommerblumen.

Sorten: 'Sonata White', weiß, 'Sonata Pink Blush', rosa mit rotem Auge, beide nur 60 cm, standfest; 'Frühwunder', großblütige Farbmischung, 100 cm.

Goldmohn, Schlafmützchen
(Eschscholzia californica)

↕ 30–40 cm ❀ 6–9 ○

Wunderbar anspuchsloser und lange blühender Lückenfüller.
Wuchs: Locker verzweigt mit fein gefiedertem, graugrünem Laub.
Blüte: Schalenförmige Mohnblüten in warmem Goldorange, auch in Zitronengelb, Rosa, Rot, Creme und gefüllt. Die Blüten öffnen sich nur bei Sonne!
Standort: Durchlässige, warme Plätze mit mäßig trockenem bis frischem Boden.
Pflege: Ab Ende März Aussaat direkt ins Beet. Verbreitet sich durch Selbstaussaat. Keine Pflege nötig.
Tipps: Sehr schön als Randbepflanzung oder für größere Flächen sowie als Lückenfüller im Staudenbeet.

Sorten: Meist sind Farbmischungen mit ungefüllten Blüten im Handel.

Sonnenblume
(Helianthus annuus)

↕ 40–250 cm ❀ 7–10 ○

Bekannter und beliebter Sonnenanbeter.
Wuchs: Straff aufrechte Triebe mit sehr großen herzförmigen Blättern, meist hochwüchsig, aber auch in Zwergformen.
Blüte: Sehr große scheibenförmige Korbblüte, gelb, orange, rotbraun, meist mit brauner Mitte, auch gefüllt.
Standort: Nährstoffreiche, mäßig trockene bis frische Böden ohne Staunässe.
Pflege: Aussaat ab April ins Freiland oder Vorkultur ab März. Reichlich wässern und düngen, bei Bedarf stützen.
Tipps: Wirkt gut entlang von Zäunen oder als Beethintergrund. Als Schnittblume Stiele kurz in kochendes Wasser halten.

Sorten: Angeboten wird eine breite Palette mit unterschiedlicher Wuchshöhe, Blütengröße und -farbe sowie Verzweigung. Bewährt sind u. a. 'Teddybär', gefüllt, 40 cm; 'Valentin', zitronengelb mit schwarzer Mitte, 160 cm; 'Musicbox', Mischung in Creme bis Mahagoni, 70 cm.

Levkoje
(Matthiola incana)

↑ 30–90 cm   ✿ 5–8   ○

Altbekannte und bewährte Sommer- und Schnittblume mit herrlichem Duft.

Wuchs: Meist aufrecht und eintriebig, Busch-
Levkojen buschig. Blätter graugrün, länglich elliptisch.

Blüte: Schalenförmig, meist gefüllt, in lockeren
bis dichten, aufrechten Trauben, weiß, rosa, rot,
violett, sogar gelb.

Standort: Nährstoffreicher, lehmiger, frischer bis
mäßig feuchter Boden.

Pflege: Vorkultur (Lichtkeimer!) ab Anfang März
und Auspflanzen ab Mitte Mai.

Tipps: Am besten verschiedene Sorten als
größere bunte Gruppe zusammenpflanzen.

Sorten: Im Handel ist ein breites Angebot an Farben,
Wuchshöhen und verschieden dichten Blütentrauben
erhältlich, zu empfehlen sind Farbmischungen.

Vergissmeinnicht
(Myosotis sylvatica)

↑ 15–35 cm   ✿ 4–6   ○–◑

Hübscher Frühlingsblüher, der im Sommer
ausgesät wird und erst im nächsten Jahr blüht
(zweijährige Pflanze).

Wuchs: Breite, reich verzweigte niedrige Büsche
mit lanzettlichen Blättern.

Blüte: Kleine sternförmige Blütchen in gebogenen Trauben, blau, violett, rosa oder weiß mit
gelblicher Mitte.

Standort: Nährstoffreicher, lockerer, frischer bis
feuchter Boden.

Pflege: Aussaat im Juli, im September an den
endgültigen Platz verpflanzen, in rauen Lagen mit
Reisig abdecken. Verbreitet sich durch Selbstaussaat.

Tipps: Wunderbare Ergänzung zu Zwiebelblumen, v.a. Tulpen, die es locker umspielt und die
nackte Erde bedeckt.

Sorten: Vielfach werden auch *M.*-Hybriden angeboten. Zu empfehlen sind 'Bluesylva', mittelblau, 20 cm;
'Compindi', dunkelblau, 20 cm; 'Rosylva', rosa, 20 cm;
'Snowsylva', weiß, 20 cm.

Islandmohn
(Papaver nudicaule)

↑ 30–50 cm   ✿ 5–9   ○

Bunte Blütenpracht in harmonischen Pastelltönen **(zweijährige Pflanze)**.

Wuchs: Aufrechte Triebe aus einer Grundblattrosette mit graugrünen, gebuchteten Blättern.

Blüte: Große Schalenblüten in Weiß, Gelb,
Orange und Rot mit gelben Staubblattbüscheln.

Standort: Durchlässige, mäßig trockene bis
frische Gartenböden.

Pflege: Aussaat normal im Juni, im September
an ihren Platz verpflanzen; bei Aussaat im Januar
und Verpflanzen im März erfolgt die Blüte im
gleichen Jahr.

Tipps: Wirkt am besten in Gruppen in der
Rabatte oder auf Freiflächen.

Sorten: Zu empfehlen sind Mischungen wie 'Illumination', 50 cm; 'Partyfun', standfest, 30 cm.
Weitere Art: *P. rhoeas*, <u>Klatschmohn</u>, 50–60 cm,
blüht 5–7 in Rot, Rosa und Weiß, gefüllte Mischungen
als »<u>Seidenmohn</u>« im Handel.

Rauer Sonnenhut

(Rudbeckia hirta)

⬆ 25–80 cm　✿ 7–10　○

Sonnige Stimmung bringt diese reich blühende Pflanze auch in Ihren Garten.

Wuchs: Dichte Büsche aus aufrechten Trieben mit rauen, elliptischen Blättern.

Blüte: Große gelbe bis orangebraune oder zweifarbige Körbchenblüten mit knopfartiger, meist dunkelbrauner Mitte, auch gefüllt.

Standort: Nährstoffreicher, lockerer, mäßig trockener bis frischer Boden.

Pflege: Anzucht im Haus ab März, ab Mai ins Beet auspflanzen. Regelmäßig wässern und düngen, Verblühtes abschneiden.

Tipps: Passt gut als Lückenfüller ins Sommerblumen- oder ins Staudenbeet. Schön zu blauem Salbei und Gräsern.

Sorten: 'Marmalade', orangegelb, 60 cm, standfest; 'Sonora', gelb mit braunem Ring in der Mitte, 35 cm; 'Toto', goldgelb, nur 25 cm.

Mehl-Salbei

(Salvia farinacea)

⬆ 40–80 cm　✿ 6–9　○–◑

Sehr pflegeleichter Dauerblüher, der sich wunderbar kombinieren lässt.

Wuchs: Dichte Horste mit gegenüberstehenden elliptischen Blättern.

Blüte: Kleine violette oder weiße Lippenblüten in dichten, silbrig behaarten Ähren an straff aufrechten Trieben über dem Laub.

Standort: Jeder normale nährstoffreiche Gartenboden.

Pflege: Ab März aussäen und im Mai auspflanzen. Ausreichend wässern und düngen.

Tipps: Passt als Lückenfüller zu sehr vielen Sommerblumen und Stauden sowie zu Rosen.

Sorten: 'Strata', blau in weißen Ähren, 40 cm; 'Victoria', dunkelblau, 50 cm.
Weitere Art: *S. coccinea*, Zier-Salbei, buschig verzweigte Art mit hohen, lockeren Blütenständen und großen Blüten in Rot ('Lady in Red') oder Weiß ('Nymphe'); 40–60 cm, blüht 6–9.

Studentenblume, Tagetes

(Tagetes-Hybriden)*

⬆ 20–100 cm　✿ 6–10　○

Unübertroffen robust und leuchtkräftig.

Wuchs: Breite, kräftige Büsche mit gefiedertem Laub, oft streng riechend, neuere Sorten ohne Geruch.

Blüte: Gelbe, orange oder braune Körbchenblüten, meist gefüllt, auch zweifarbig, straff über dem Laub.

Standort: Alle normalen Gartenböden.

Pflege: Ab März im Haus aussäen, im Mai ins Freie pflanzen. Gut wässern und düngen, vor Schnecken schützen.

Tipps: Am besten gruppen- oder flächenweise verwenden oder in die Rabatte eingestreut. Gute Schnittblume.

Sorten: *T.*-Erecta-Hybriden mit sehr großen, ballförmigen, gefüllten Blüten in Gelb und Orange, in verschiedenen Höhen, gut zum Schnitt; *T.*-Patula-Hybriden sind ähnlich, aber kleinblütiger, auch braun und zweifarbig, 20–50 cm.
Weitere Art: *T. tenuifolia*, feinblättrig, nur 20–40 cm, kleine, ungefüllte, gelbe oder orange Blütensterne, gut kombinierbar, blüht 7–10.

Kapuzinerkresse

(Tropaeolum majus)

⬆ 30–200 cm ✿ 7–10 ○–◐

Leuchtkraft und Wuchsfreude sorgen für tropische Üppigkeit im Garten.

Wuchs: Buschige Horste oder mit rankenden Trieben bis 2 m kletternd, je nach Sorte, mit typischen rundlichen, in der Mitte gestielten, oft gelappten Blättern.

Blüte: Große, trichterförmige Blüten mit gefranstem Schlund und Sporn, in leuchtendem Gelb, Orange oder Rot.

Standort: Mäßig nährstoffreiche, lockere, normale Gartenböden.

Pflege: Ab Mai Aussaat ins Freie. Gut wässern, aber mäßig düngen, sonst überwiegend Blätter und kaum Blüten.

Tipps: Lässt sich sehr vielseitig verwenden, zum Beranken von Zäunen, Kaschieren unschöner Anblicke, als Bodendecker, in der Rabatte, im Topf.

Sorten: Meist sind Mischungen verschiedener Blütenfarben im Handel, darunter auch Sorten der kleinblütigeren *T. minus,* wie 'Tip Top'.

Schleier-Eisenkraut, Schleier-Verbene

(Verbena bonariensis)

⬆ 80–120 cm ✿ 7–10 ○

Pflegeleichter Dauerblüher, der mit zartem Blütenschleier Beete duftig umspielt.

Wuchs: Straff aufrechte Triebe mit sparrigen, schräg nach oben abstehenden Zweigen.

Blüte: Sehr kleine violette Blüten in kleinen Schirmchen an den Zweigenden.

Standort: Warme, lockere und durchlässige, mäßig trockene bis frische Böden. Keine Staunässe!

Pflege: Ab Februar im Haus aussäen und ab Mai ins Freie auspflanzen. Keimt nicht immer zuverlässig, daher besser Jungpflanzen kaufen.

Tipps: Die duftigen Pflanzen sollten gruppenweise verwendet werden, damit sie ihre Wirkung erzielen. Lässt sich wunderbar mit spät blühenden Stauden und Sommerblumen kombinieren.

Stiefmütterchen

(Viola-Wittrockiana-Hybriden)

⬆ 15–30 cm ✿ 3–5/10–12 ○–◐

Mit die bekannteste und verbreitetste Gartenpflanze – ein Frühling ohne sie ist undenkbar **(zweijährige Pflanze)**.

Wuchs: Breitbuschig mit eiförmigen, tief eingeschnittenen Blättern.

Blüte: Die fünf Blütenblätter überlappen sich, tragen oft eine Strich-Zeichnung. Immense Farbenvielfalt, ein- oder mehrfarbig, oft mit andersfarbiger Mitte.

Standort: Nährstoffreiche, lockere Gartenböden.

Pflege: Aussaat im Juli, im Herbst verpflanzen und über Winter mit Reisig abdecken. Gut wässern und düngen.

Tipps: Stiefmütterchen lassen sich im Beet wie im Topf sehr gut verwenden.

Sorten: Unüberschaubar großes Sortiment mit jährlich neuen Farben und Zeichnungen. Hier können Sie ganz nach Ihrem Geschmack wählen.

Weitere Art: *V. cornuta,* das **Hornveilchen** oder Mini-Stiefmütterchen, deutlich kleinblütiger und zarter, 10–20 cm, mit vielen Sorten und sehr langer Blütezeit von 5–7/9–10.

Adressen, die Ihnen weiterhelfen

Garten-Versandhandel

Gärtner Pötschke
Beuthener Straße 4
41561 Kaarst
Tel.: 0 21 31 / 793-333
www.gaertner-poetschke.de

Baldur-Garten
Elbinger Str. 12
64625 Bensheim
Tel.: 0 62 51 / 10 35 10
www.baldur-garten.de

Dehner Gartencenter
Donauwörther Str. 5
86641 Rain am Lech
Tel.: 0 90 90 / 77-0
www.dehner.de

Ziergehölze

H. Hachmann Baumschule
Brunnenstr. 68
25355 Barmstedt
Tel.: 0 41 23 / 20 55
www.hachmann.de
(Rhododendren)

Baumschulen Huben
Schriesheimer Fußweg 7
68526 Ladenburg
Tel.: 0 62 03 / 92 80 0
www.huben.de

Wörlein Baumschulen
Baumschulweg 9
86911 Dießen
Tel.: 0 88 07 / 92 10-0
www.woerlein.de

Rosen

Rosarot Pflanzenversand
Besenbek 4b
25335 Raa-Besenbek
Tel.: 0 41 21 / 42 38 84
www.rosenversand24.de

W. Kordes´ Söhne
Rosenstraße 54
25365 Klein Offenseth-Sparrieshoop
Tel.: 0 41 21 / 48 70-0
www.kordes-rosen.com

Rosenwelt Tantau
Tornescher Weg 13
25436 Uetersen
Tel.: 0 41 22 / 70 84
www.rosen-tantau.de

Noack-Rosen
Im Fenne 54
33334 Gütersloh
Tel.: 0 52 41 / 2 01 87
www.noack-rosen.de

Rosenhof Schultheis
Bad Nauheimer Straße 3–7
61231 Bad Nauheim-Steinfurth
Tel.: 0 60 32 / 8 10 13
www.rosenhof-schultheis.de

Österreich:

Grumer Rosen
Raasdorfer Straße 28–30
A-2285 Leopoldsdorf
Tel.: +43 / 22 16 /
2 22 30
www.grumer.at/GRUMER/adresse.htm

Schweiz:

Richard Huber AG
Rothenbühl 8
CH-5605 Dottikon AG
Tel.: +41 / 56 / 6 24 18 27
www.rosen-huber.ch

Clematis

F. M. Westphal
Clematiskulturen
Peiner Hof 7
25497 Prisdorf
Tel.: 0 41 01 / 7 41 04
www.clematis-westphal.de

Stauden

Foerster-Stauden
Am Raubfang 6
14469 Potsdam-Bornim
Tel.: 03 31 / 52 02 94
www.foerster-stauden.de

Richard Klose
Rosenstraße 10
34253 Lohfelden
Tel.: 05 61 / 5 15 55
www.staudengaertner-klose.de

Arends Maubach
Stauden & Gartenkultur
Monschaustr. 76
42369 Wuppertal
Tel.: 02 02 / 46 46 10
www.arends-maubach.de

Kayser & Seibert
Odenwälder Pflanzkulturen
Wilhelm-Leuschner-Str. 85
64380 Rossdorf
Tel.: 061 51 / 90 68
www.kayserundseibert.de

Staudengärtnerei
Gräfin von Zeppelin
Weinstr. 2
79295 Sulzburg-Laufen
Tel.: 0 76 34 / 6 97 16
www.graefin-v-zeppelin.com

Staudengärtnerei
Dieter Gaissmayer
Jungviehweide 3
89257 Illertissen
Tel.: 0 73 03 / 72 58
www.staudengaissmayer.de

Österreich:

Praskac Pflanzenland
A-3430 Tulln/Donau
Tel.: +43 / 22 72 /
62 46 00
www.praskac.at

Stauden Feldweber
A-4974 Ort im Innkreis
Tel.: +43 / 77 51 / 83 20
www.feldweber.com

Sarastro Stauden
Ort 131
A-4974 Ort im Innkreis
Tel.: +43 / 77 51 / 84 24
www.sarastro-stauden.com

Zwiebelblumen

Albrecht Hoch
Postdamer Str. 40
14163 Berlin
Tel.: 0 30 / 8 02 62 51
www.albrechthoch.de

Blumenzwiebeln
Horst Gewiehs
Postfach 30
37285 Wehretal
Tel.: 0 56 51 / 33 62 49
www.gewiehs-blumenzwiebeln.de

Sommerblumen

Thompson & Morgan
Postfach 10 69
36243 Niederaula
Tel.: 040 / 61 19 39 93
http://seeds.thompson-morgan.com/eud/de
www.tandmworldwide.com/deutschland

Bruno Nebelung
Kiepenkerl Pflanzenzüchtung
Freckenhorster Str. 32
48351 Everswinkel
Tel.: 0 25 82 / 67 00
www.kiepenkerl.de

Die Blumenschule
Engler & Friesch
Augsburger Str. 62
86956 Schongau
Tel.: 0 88 61 / 73 73
www.blumenschule.de

Bambus

Bambus-Centrum
Deutschland
Baumschule Eberts
Saarstr. 3–5
76532 Baden-Baden
Tel.: 0 72 21 / 50 74-0
www.bambus.de

Rasen

Rasenmischungen

Wolf-Garten GmbH & Co. KG
Industriestraße 83–85
57518 Betzdorf
Tel.: 0 27 41 / 2 81-0
www.wolf-garten.de

Rollrasen

Norddeutsche Rasenschule
Lohe 61
22397 Hamburg
Tel.: 0 40 / 6 07 15 51
www.norddeutsche-rasenschule.de/

Schmitz & Bollig-Commer
GbR
Ophof
53332 Bornheim
Tel.: 0 22 27 / 62 49
www.rasenrolle.de

J. u. M. Stegmair
Klenauer Str. 1
86561 Aresing-Oberwellenbach
Tel.: 0 84 45 / 2 61
www.rollrasen.com

Blumenwiese

Conrad Appel GmbH
Bismarckstr. 59
64293 Darmstadt
Tel.: 0 61 51 / 92 92-0

Syringa-Samen
Bernd Dittrich
Bachstr. 7
78247 Hilzingen-Binningen
Tel.: 0 77 39 / 14 52
www.syringa-samen.de
(Duftpflanzen, Kräuter)

Rasenkante

W. Neudorff GmbH KG
Postfach 1209
31857 Emmerthal
Beratungs-Tel. (Gebühr)
0180 / 563 83 97
www.neudorff.de

Gartengeräte und Zubehör

Fiskars Deutschland
Werga-Tools
Wergstr. 42
40721 Hilden
Tel.: 02 10 / 3 58 90-0
www2.fiskars.com

Pro Idee GmbH & Co. KG
Auf der Hüls 205
52053 Aachen
(Spiralschlauch Seite 60)
Tel.: 0241-109111
Fax 0241-109121
www.proidee.de

Felco
Joachim Baier
Hauptstraße 35
82323 Tutzing
Tel.: 0 81 58 / 93 14 0
www.felco.de

Gartenbedarf Versand
Richard Ward
Günztalstraße 22
87733 Markt Rettenbach
Tel.: 0 83 92 / 16 46
www.gartenbedarf-versand.de
(Teleskopschere Seite 35)

Torquato AG
Am Spakenberg 45
21500 Geesthacht
www.torquato.de
(Rosengabel Seite 35)

Sichtschutzmatten

Videx Meyer-Lüters GmbH
Raiffeisenstr. 38–40
27239 Twistringen
Tel.: 0 42 43 / 92 80 10
www.videx.de

Bewässerung

Gardena Kress & Kastner GmbH
Hans-Lorenser-Str. 40
89079 Ulm
Tel.: 07 31 / 49 0-0
www.gardena.de

Laquatec GmbH & Co.
Postfach 21 73 49
67073 Ludwigshafen
Tel.: 06 21 / 5 72 91-0
www.laquatec.de

Dünger

Substral Osmocote
Scotts Celaflor GmbH
Konrad-Adenauer-Str. 30
55218 Ingelheim
Tel.: 0 61 32 / 78 03 – 0
www.substral.de

Bodentest

Neudorff GmbH KG
An der Mühle 3
31860 Emmerthal
Tel.: 0 51 55 / 62 41 16
www.neudorff.de
(Dünger/Bodenverbesserung/Bodentest)

Kompostbehälter

Neudorff GmbH KG
An der Mühle 3
31860 Emmerthal
Tel.: 0 51 55 / 62 41 16
www.neudorff.de

Remaplan
Marxhofstr. 18
2008 Unterhaching
Tel.: 089 / 61 52 10 0
www.remaplan.de

Rankgerüste, Spaliere, Zäune, Sichtschutzwände

Osmo Ostermann & Scheiwe
Hafenweg 31
48155 Münster
Tel.: 02 51 / 69 22 97
www.osmo.de

Werth-Holz
Postfach 9805
7407 Finnentrop
Tel.: 0 23 95 / 1 89-0
www.werth-holz.de

Classic Garden Elements
Goethestr. 27
65719 Hofheim / Taunus
Tel.: 0 61 92 / 90 04 75
www.classic-garden-elements.de

Country Garden Versand
GmbH
Nagolder Str. 27
72119 Ammerbuch
Tel.: 0 70 73 / 91 51
(Figuren, Möbel, Rankbögen)

Seitenzahlen mit * verweisen auf Abbildungen

Acer negundo 88, 88*
A. palmatum 88, 88*
Achillea filipendulina 108, 108*
A. millefolium 108
ADR-Rose 102
Ahorn, Japanischer 17
Akelei 109, 109*
Akkuschneider 44*
Alchemilla mollis 108, 108*
Allium aflatunense 130, 130*
A. christophii 130
Alte Rose 101, 103, 103*
altes Holz 65
Anemone blanda 130, 130*
A. japonica 26*, 108
A.-Japonica-Hybriden 108, 108*
Anemonen-Waldrebe 96, 96*
Aquilegia vulgaris 109, 109*
A.-Hybriden 109
Aristolochia macrophylla 96, 96*
Art 28
Asplenium scolopendrium 127, 127*
Aster novi-belgii 109, 109*
A.-Dumosus-Hybriden 109, 109*
Astilbe chinensis var. *pumila* 110
A.-Arendsii-Hybriden 110
A.-Hybriden 110, 110*
A.-Japonica-Hybriden 110
Astsäge 35
Astschere 35
Atlas-Schwingel 120, 120*
Aufsitzmäher 43*
Ausläufer 123
Auslichten 65
Aussaat 41
Azalee 92

Balkan-Anemone 130, 130*
Ballenware 39*
Bart-Iris 115, 115*
Bauern-Hortensie 90, 90*
Bäume 29, 72, 86
– pflanzen 46*
Baumsäge 34*
Baumscheibe 73
Baumschule 39
Beet 22, 22*
– anlegen 27*
– in Weiß-Grün 26*

Beetformen 24
Beetrose 76, 101, 102
–, öfterblühende 102
Berberis thunbergii 84, 84*
Berberitze 83, 84, 84*
Berg-Waldrebe 96, 96*
Blattläuse 68
Blau-Schwingel 120
Blaublattfunkie 114
Blauregen, Japanischer 99, 99*
Blumen-Sedum 117, 117*
Blumenzwiebeln 45
Blut-Berberitze 84
Blut-Storchschnabel 112
Blütengehölze 73
Blütenhecken 83
Boden, frischer 36
–, sandiger 36*
–, toniger 36*
Bodendecker 53, 122 ff.
Bodendeckerrose 101, 104, 104*
–, öfterblühende 104
Bodenvorbereitung 36, 41, 122
botanische Namen 38
Buchs 75, 83
Buchsbaum 84, 84*
Buchseinfassung 24*
Buddleja davidii 88, 88*
Buxus sempervirens 84, 84*

Calamagrostis ×
   acutiflora 120, 120*
Campanula lactiflora 110, 110*
C. persicifolia 110
C. poscharskyana 110
Carex morrowii 120, 120*
C. pendula 120
Carpinus betulus 84, 84*
Chamaecyparis lawsoniana 85, 85*
Chinaschilf 121, 121*
Chlorose 67
Christrose 17, 26*, 107, 114
Clematis 50, 95
C.-Hybriden 96, 96*
C. montana 96, 96*
C.-Viticella-Hybriden 96, 96*
Colchicum autumnale 26*
C.-Hybriden 130, 130*
Container 39*
Cornus alba 89, 89*
Cosmos bipinnatus 136, 136*
Cotinus coggygria 89, 89*

Crocosmia masoniorum 131
C. × *crocosmiiflora* 131, 131*
Crocus tommasinianus 131, 131*
C.-Hybriden 131

Dahlia-Hybriden 131, 131*
Dahlie 131, 131*
Delphinium-Hybriden 110, 110*
D.-Belladonna-Hybriden 110
D.-Pacific-Hybriden 110
Dicentra spectabilis 26*, 111, 111*
Dichter-Narzisse 133
Dickmaulrüssler 68
diesjähriges Holz 65
Digitalis purpurea 111, 111*
Dryopteris filix-mas 127, 127*
Duft-Schneeball 93, 93*
Duftpflanzen 18
Düngen 62
Dünger, organisch-mineralischer 63

Echinops ritro 111, 111*
Echter Wein 50, 99
Edelrose 101, 102, 102*
Efeu 50, 97, 97*
Eibe 75, 83, 85, 85*
einfarbiges Beet 25
Einfassung 22*, 24*, 83
Einkauf 38, 39
Elfen-Krokus 131, 131*
Elfenblume, Immergrüne 124, 124*
Englische Rose 101, 103
Epimedium pinnatum subsp. *colchicum* 124, 124*
E. × *rubrum* 124
Eranthis hyemalis 132, 132*
Erdaustausch 37
Erigeron-Hybriden 112
Eschen-Ahorn, Bunter 88, 88*
Eschscholzia californica 136, 136*
Euonymus fortunei 97, 97*

Fächer-Ahorn 88, 88*
Fallopia aubertii 97, 97*
Familie 28
Farben 25
Farbkombination 25
Farbkontrast 25

Farne 17, 30, 122, 123, 127*
Federborstengras 121, 121*
Feinstrahlaster 112, 112*
Feuer-Geißblatt 98
Fingerhut 111, 111*
Flammenblume, Hohe 116, 116*
Flieder 93, 93*
Floribunda-Rose 101
Forsythia u *intermedia* 89, 89*
Forsythie 89, 89*
Festuca glauca 120
Dicentra spectabilis
Funkie 114, 114*

Galanthus elwesii 132
G. nivalis 26*, 132, 132*
Gänseblümchen 45, 45*
Gärten umgestalten 20
Garten-Chrysantheme 115, 115*
Garten-Eibisch 90, 90*
Garten-Krokus 131
Garten-Reitgras 120, 120*
Garten-Sandrohr 120, 120*
Gartencenter 39
Gartengeräte 34
Gartengestaltung 11
Gartenhaus 21
Gartenpflanzen 28
Gartenschere 34, 34*
Gartenschlauch 60, 61
Gattung 28
Gebrauchsrasen 40
Gedenkemein 26*, 125, 125*
Gefleckte Taubnessel 124, 124*
Geißblatt 50
Gelbblattfunkie 114
Gemüsebeet 16
Geranium × *magnificum* 112, 112*
G. psilostemon 112
G. sanguineum 112
Giersch 37, 37*
Gießen 60
Gießkanne 34, 34*, 61
Gießrand 47
Glattblatt-Aster 109, 109*
Glockenblume, Pfirsichblättrige 110
Glyzine 50, 95, 99, 99*
Gold-Fetthenne 125, 125*
Gold-Garbe 108, 108*
Goldglöckchen 89, 89*
Goldmohn 136, 136*
Golfrasen 40, 45*

Grabegabel 34, 34*
Grasabfall 43*
Gräser 17, 30, 118 ff.
Größe 13
größere Gärten 18
Grünblattfunkie 114
Grundausstattung 34
Grüntöne 25
Gypsophila paniculata 112, 112*

Hainbuche 84, 84*
Handgabel 34*
Handmäher 43*
Handschaufel 34
Handschuhe 34
Handtuchgarten 13
Hänge-Segge 120
Hartriegel 17
–, Gelbbunter 89
–, Weißer 89, 89*
Hecke 12*, 29, 74, 82
–, Blüten- 75
–, formale 82
–, immergrüne 75, 83
–, naturnahe 82
– pflanzen 48*
–, sommergrüne 75
Heckenschere 34*, 35
Hedera helix 97, 97*
Helenium-Hybriden 113, 113*
Helianthus annuus 136, 136*
H. decapetalus 113, 113*
Heliopsis helianthoides 113, 113*
Helleborus niger 26*
H.-Hybriden 114, 114*
H.-Orientalis-Hybriden 114
Hemerocallis-Hybriden 114, 114*
Herbst-Anemone 26*, 108, 108*
Herbst-Aster 109, 109*
Herbst-Fetthenne 117, 117*
Herbstzeitlose 26*, 55, 130, 130*
Heuchera-Hybriden 124
H. micrantha 124, 124*
Hibiscus syriacus 90, 90*
Hibiskus 90, 90*
Hirschzungenfarn 127, 127*
Hochbeet 24
Hochstammrose 26*
Hopfen 50, 98, 98*
Hornveilchen 139
Hortensie, Bauern- 90, 90*
–, Kletter- 98, 98*
Hosta 17, 114, 114*
Humulus lupulus 98, 98*
Humusschicht 36

Hydrangea anomala subsp. *petiolaris* 98, 98*
H. aspera subsp. *sargentiana* 90
H.-Macrophylla-Hybriden 90, 90*

Immergrün 17, 26*, 123, 126, 126*
Immergrüne 49, 71
Inselbeet 26*
Iran-Lauch 130, 130*
Iris-Barbata-Hybriden 115, 115*
Islandmohn 137, 137*

Jahreszeit 11, 24
Japan-Segge 120, 120*
Jasmin, Falscher 91, 91*
Jungfernrebe 99, 99*

Kaktus-Dahlien 131
Kalk 36
Kapuzinerkresse 135, 139, 139*
Katzenminze 116, 116*
Keimung 56
Kinderbeet 16
Kirschlorbeer 17, 83, 91, 91*
Kissen-Aster 109, 109*
Klatschmohn 137
Kletter-Hortensie 18, 50, 98, 98*
Kletter-Spindelstrauch 97, 97*
Klettergerüst 78
Kletterpflanzen 18, 29, 94 ff.
– pflanzen 50*
Kletterrose 77, 101, 105, 105*
–, öfterblühende 105
Knollen 30, 55*, 128
Kontrast 25
Kosmee 136, 136*
Kräuterbeet 16
Krokus 55, 131
Kugeldistel 111, 111*
Kugel-Robinie 90, 92*

Lamium maculatum 26*, 124, 124*
Lampenputzergras 121, 121*
Langzeitdünger 63
Laub 62
Laubrechen 35
Lavandula angustifolia 26*, 115, 115*
Lavendel 26*, 83, 115, 115*
Lebensbaum 85
Lenzrose 114, 114*
Leucanthemum × *superbum* 115, 115*
L.-Maximum-Hybriden 115, 115*

Levkoje 26*, 137, 137*
Liguster 83, 85, 85*
Lonicera × *heckrottii* 98
L. periclymenum 98, 98*
Lorbeer-Kirsche 91, 91*
Lungenkraut 125, 125*

Magnolia stellata 90, 90*
Matteuccia struthiopteris 127, 127*
Matthiola incana 26*, 137, 137*
Mehl-Salbei 138, 138*
Mehltau 69
Mignon-Dahlien 131
Miscanthus sinensis 121, 121*
Mistgabel 34*
Montbretie 131, 131*
Moorbeetpflanzen 18
Muscari armeniacum 132, 132*
Mutterboden 36
Myosotis-Hybriden 137
M. sylvatica 137, 137*

Narcissus-Hybriden 133, 133*
N. poeticus 133
Narzisse 26*, 55, 129, 133, 133*
Naturhecken 83
Natursteine 14, 14*
Nepeta × *faassenii* 116, 116*
Nieswurz 114, 114*
NPK 63

Omphalodes verna 26*, 125, 125*
Osterglocken 133

Paeonia-Lactiflora-Hybriden 116, 116*
P. officinalis 116
P. suffruticosa 116
Panicum virgatum 121, 121*
Papageien-Tulpe 133
Papaver nudicaule 137, 137*
P. rhoeas 137
Parthenocissus quinquefolia 99
P. tricuspidata 99, 99*
Pennisetum alopecuroides 121, 121*
Pergola 15
Perückenstrauch 89, 89*
Pfeifenstrauch 91, 91*
Pfeifenwinde 96, 96*
Pfingstrose 107, 116, 116*
–, Bauern- 116
–, Edel-, 116, 116*
–, Strauch- 116
Pflanzabstand 52

Pflanzen 27
Pflanzen in Töpfen 31, 61
Pflanzen, bodendeckende 30, 45
Pflanzeneinkauf 38, 38*, 39
Pflanzgefäße 31
Pflanzloch 46, 47
Pflanztiefe 46
Pflanzzeit 46, 49, 53, 55
Pflastern 14*
Pflegen 58
pH-Wert 36
Philadelphus coronarius 91, 91*
P.-Hybriden 91
Phlox-Paniculata-Hybriden 26*, 116, 116*
Phyllitis scolopendrium 127, 127*
Picea glauca 91, 91*
Pikieren 57
Planung 10
Polygonum aubertii 97, 97*
Pompon-Dahlien 131
Pracht-Storchschnabel 112, 112*
Prachtspiere 110, 110*
Prunus laurocerasus 91, 91*
P. serrulata 92, 92*
Pulmonaria angustifolia 125, 125*
P. officinalis 125
Purpurglöckchen 124, 124*

Rabatte 22, 24*
–, gemischte 107
Ramblerrose 21, 101, 105, 105*
Rasen 40
– anlegen 40*
– ausbessern 42, 42*
– düngen 42
–, Schnitthöhe 43
Rasenbeet 44
Raseneinfassung 44
Rasenkante 22*, 44, 44*
Rasenkantenschere 34*, 35
Rasenmähen 43
Rasenmäher 35
Rasenmischung 41
Rasenpflege 42
Raumaufteilung 21
Räume 12
Raumteiler 12*
Raumwirkung 12
Reihenhausgarten 16
Rhizome 55*
Rhododendron 92, 92*
Rhododendron-Hybriden 92, 92*

Riesen-Glockenblume 110, 110*
Riesen-Schleierkraut 112, 112*
Riesen-Segge 120
Rindenmulch 14*
Rittersporn 110, 110*
Robinie 92, 92*
Rollrasen 41, 41*
Romantik-Rose 103
Rondell 18
Rosa 'Angela' 104
R. 'Bobbie James' 105
R. 'Bonica '82' 102
R. 'Charles de Mills' 103
R. 'Duftrausch' 102
R. 'Friesia' 102
R. 'Ghislaine de Féligonde' 103
R. 'Golden Showers' 105
R. 'Graham Thomas' 103
R. 'Heidetraum' 104
R. 'Königin von Dänemark' 103
R. 'Lawinia' 105
R. 'Louise Odier' 103
R. 'Madame Hardy' 103
R. 'Mirato' 102
R. 'Montana' 102
R. 'New Dawn' 105
R. 'Rosarium Uetersen' 105
R. 'Rosenprofessor Sieber' 102
R. 'Santana' 105
R. 'Schneewittchen' 104
R. 'Sommerwind' 104
R. 'Westerland' 104
Rose 29, 76, 100
–, einmalblühende 76, 100
– pflanzen 51*
–, öfterblühende 76, 77, 100
– im Container 51
–, wurzelnackte 51
Rosenbogen 16, 21
Rosengabel 34, 35*
Rosenrost 69
Rudbeckia fulgida 117, 117*
R. fulgida var. *sullivantii* 117
R. hirta 138, 138*
Rundbeet 26*
Rußtau 69
Ruten-Hirse 121, 121*

Salvia coccinea 138, 138*
S. farinacea 138
S. nemorosa 117, 117*
Samt-Hortensie 90
Sandkasten 16
Schäden durch Kletterpflanzen 94

Schafgarbe 108
Schein-Akazie 92, 92*
Scheinzypresse 85, 85*
Schere 34*
Schlafmützchen 136, 136*
Schleier-Eisenkraut 139, 139*
Schleier-Verbene 139, 139*
Schlinger 50
Schlingknöterich 97, 97*
Schmetterlingsstrauch 16, 72, 88, 88*
Schmuck-Dahlien 131
Schmuckkörbchen 135, 136, 136*
Schnecken 68
Schneeglöckchen 26*, 132, 132*
Schneiden 64, 73
Schnitt 49, 72
Schubkarre 35*
Schwertlilie 115, 115*
Scilla siberica 133, 133*
Sedum floriferum 125, 125*
S. hybridum 125
S. telephium 117, 117*
Seerosen-Tulpe 133
Seidenmohn 137
selbstkletternd 50
Sibirischer Blaustern 133, 133*
Sitzplatz 15, 15*
Sommer-Margerite 115, 115*
Sommer-Salbei 117, 117*
Sommerblumen 30, 53, 78, 106, 134 ff.
– anziehen 56*
–, einjährige 56, 135
–, zweijährige 56, 135
Sonnenauge 113, 113*
Sonnenblume 136, 136*
Sonnenbraut 113, 113*
Sonnenhut 117, 117*
–, Rauer 138, 138*
Sonnenschutz 71
Sorte 28
Spaten 34, 34*
Spezialdünger 63
Spinnmilben 68
Sprache der Pflanzen 67
Stachys byzantina 126, 126*
Stauden 30, 78, 106 ff.
– pflanzen 52*
Stauden-Sonnenblume 113, 113*
Stauden-Päonie 116, 116*
Stauden-Pfingstrose 116, 116*

Stauden-Phlox 26*, 116, 116*
Staudenstützen 78, 78*
Stern-Magnolie 90, 90*
Sternkugel-Lauch 130
Sternrußtau 69
Stiefmütterchen 135, 139, 139*
Strahlen-Anemone 130, 130*
Strauch-Pfingstrose 116
Sträucher 29, 72, 86 ff.
– pflanzen 46*
Strauchrose 101, 104, 104*
–, einmalblühende 103
–, öfterblühende 101, 103, 104
Straußfarn 127, 127*
Studentenblume 138, 138*
Syringa vulgaris 93, 93*

Tagetes 138
T. tenuifolia 138, 138
T.-Erecta-Hybriden 138
T.-Hybriden 138, 138*
T.-Patula-Hybriden 138
Taglilie 114, 114*
Taubnessel 123
–, Gefleckte 26*, 123, 123*
Taxus baccata 85, 85*
Teilung 79
Teleskopschere 35, 35*
Terrasse 15, 15*
Thuja occidentalis 85
Thuje 85
Thymian 122, 123, 126, 126*
Thymus serpyllum 126, 126*
Tochterzwiebeln 55*
Tränendes Herz 26*, 107, 111, 111*
Traubenhyazinthe 132, 132*
Trichterfarn 127, 127*
Trittsteine 14
– im Rasen 45
Trompeten-Narzissen 133
Tropaeolum majus 139, 139*
T. minus 139
Tulipa-Hybriden 133, 133*
T. kaufmanniana 133
Tulpe 129, 133, 133*

Überwinterung 31
Unkräuter 37*
Unterteilung 12, 13

Verbena bonariensis 139, 139*
Veredelungsstelle 51
Vereinzeln 57

Vergissmeinnicht 135, 137, 137*
Verjüngungsschnitt 75
Vertikutieren 44, 44*
Viburnum × bodnantense 93, 93*
Vinca minor 26*, 126, 126*
Viola cornuta 139
V.-Wittrockiana-Hybriden 139, 139*
Vitis vinifera 99, 99*
Vögel 66
Volldünger, mineralische 63
vorjähriges Holz 65

Wald-Geißblatt 98, 98*
Waldrebe, Großblütige 96
–, Italienische 96, 96*
Wände 12
Wasserleitungen 61
Wässern 60
Wege 14*
Weigela florida 93, 93*
Weigelie 93, 93*
Wein, Echter 50, 99, 99*
Wein, Wilder 50, 95, 99, 99*
Weinrebe 99, 99*
winterhart 71
Winterling 55*, 132, 132*
Winterschutz 70, 71
Wisteria floribunda 99, 99*
W. sinensis 99
Woll-Ziest 123, 126, 126*
Wühlmäuse 66
Wurmfarn 127, 127*
Wurzelballen 39*

Zier-Kirsche 92, 92*
Zier-Lauch 130, 130*
Zier-Salbei 138, 138*
Ziergiersch 37
Zierrasen 43
Zuckerhut-Fichte 91, 91*
Zwiebelblumen 17, 54, 128
Zwiebeln 30, 128
–, mit fleischigen Schuppen 55*
Zwiebeln pflanzen 54*

Bildnachweis

Baumjohann: 55, 68u, 76r; Borkowski: 22; Borstell: 4ul, 8, 10, 11, 12, 13u, 15, 27, 28, 29ol, 29or, 29ur, 30ol, 30or, 30ur, 31o, 31m, 64l, 66, 74ol, 74ul, 80/81, 82, 83, 84, 85, 86, 87, 88l, 88m, 89l, 89m, 90m, 91m, 91r, 92l, 94, 95, 96r, 97m, 97r, 98r, 99l, 100, 102-1.v.li, 102-2.v.re, 103-1.v.li, 103-3.v.li, 103-3.v.re, 104-1.v.li, 104-3.v.li, 104-3.v.re, 104-2.v.re, 105-1.v.li, 105-3.v.re, 108m, 109l, 109m, 110l, 111m, 112m, 112r, 113m, 113r, 114r, 114l, 115l, 115m, 116l, 117m, 118, 119, 120l, 122, 123, 125l, 125m, 126m, 126r, 127m, 128, 129, 130l, 131m, 131r, 132r, 133l, 133r, 134, 135o, 136l, 136r, 137m, 137r, 138 vorjähriges Holz 65
Bühl: 68/Einkl.; Flora Press/Helga Noack: 9; Flora Press/Otmar Diez: 1; Gardena: 60, 61u; GPA/GPL: 29ul, 37o, 74or, 77ol, 23o, 23m, 37m; Hagen: 43u, 96m, 110r, 111l, 117l, 120m, 121m, 121r, 125r, 126l, 127l, 127r, 130r, 132l, 133m; Kathrin39-Fotolia.com: 43m; Kordes: 105-3.v.li; Markley: 78ol; Michael: 21; MMGI / Marianne Majerus: 14u, 107; MMGI / Marianne Majerus, design: Selina Botham: 106; MMGI / Marianne Majerus, The Old Vicarage, East Ruston, Norfolk: 45; moodboard-Fotolia.com: 6/7; Pforr: 37u, 37/Einkl., 54, 67o, 69m, 77or, 88r, 96l, 97l, 113l, 132m, 135u, 136m, 138m, 138r, 139r, 103-2.v.re, 104-1.v.re; Redeleit: 4or, 14u, 23o, 35o, 40, 41ol, 41om, 41um, 41or, 41ur, 42o, 42m, 43o, 44o, 59o, 59m, 65m, 78ur; Reinhard: 30ul, 34, 62, 67m, 68o, 68m, 71ol, 91l, 93l, 93m, 98l, 98m, 99u, 108l, 108r, 115r, 117r, 121l, 124l, 124m, 124r, 130m, 139l, 102-2.v.li, 103-3.v.li, 102-3.v.re, 103-1.v.re, 104-2.v.li, 105-2.v.li, 105-2.v.re; Reithmeier: 69u; Rosen-Tantau: 105-1.v.re; Seidl: 14o, 69o, 89r, 90l, 90r, 92m, 92r, 93r, 109r, 110m, 111r, 112l, 114l, 116m, 116r, 120r, 131l, 139m, 102-1.v.re, 103-2.v.li; Stangl: 137l; Stork: 4ur, 4ol, 32/33, 36, 38, 39, 41ul, 42u, 44m, 44u, 46, 47, 48, 49, 50, 51o, 51u, 52, 53, 56, 57, 58l, 61m, 59u, 63, 64r, 65o, 70, 71or, 71ul, 71ur, 72, 73, 76l, 77ul, 77ur, 78ul, 79o; Strauß: 2/3, 26, 31u, 51m, 61o, 67u, 78or, 78ur, 79u, 101; Timmermann: 13o; Urban: 35m, 35u, 74ur; Welsch: 20; Wolf-Garten: 58r, 65u

Grafiken: Sylvia Bespaluk

Über die Autoren

Helga Urbans Leidenschaft gilt ihrem Garten. Sie kultiviert darin mehr als 300 teils seltene Topf- und Kübelpflanzen sowie zahlreiche Rosen. Seit einigen Jahren ist sie als freie Gartenberaterin und -planerin tätig. Außerdem ist sie aktives Mitglied bedeutender nationaler und internationaler Garten- und Pflanzengesellschaften. Ihre Gartenerfahrung gibt sie in Büchern, Führungen und Vorträgen weiter.

Dr. Thomas Hagen ist Diplom-Biologe mit Schwerpunkt Botanik und hat in Vegetations- und Bodenkunde promoviert. Seine Begeisterung gilt den Pflanzen, dem Garten und der Natur sowie der Fotografie. Seit über 15 Jahren betreut er beim BLV-Buchverlag als Lektor und Programmleiter das Gartenbuchprogramm und sorgt dort für innovative, informative und gut verständliche Bücher mit hohem ästhetischem Anspruch.

Impressum

Bibliografische Information der Deutschen Nationalbibliothek

Die Deutsche Nationalbibliothek verzeichnet diese Publikation in der Deutschen Nationalbibliografie; detaillierte bibliografische Daten sind im Internet über http://dnb.d-nb.de abrufbar.

Völlig überarbeitete Neuausgabe des Titels »Der Garten für Einsteiger«

BLV Buchverlag
GmbH & Co. KG

80797 München

© 2012 BLV Buchverlag GmbH & Co. KG, München

Umschlagkonzeption: Kochan & Partner GmbH, München
Umschlagfotos:
Vorderseite: Getty Images/Michaela Gunter
Rückseite: Jürgen Storck

Lektorat: Dr. Thomas Hagen
Layout: Uhl + Massopust, Aalen
Herstellung: Ruth Bost

Gedruckt auf chlorfrei gebleichtem Papier

Printed in Germany
ISBN 978-3-8354-0922-4

Hinweis
Das vorliegende Buch wurde sorgfältig erarbeitet. Dennoch erfolgen alle Angaben ohne Gewähr. Weder Autoren noch Verlag können für eventuelle Nachteile oder Schäden, die aus den im Buch vorgestellten Informationen resultieren, eine Haftung übernehmen.

Naturgemäß gärtnern: die ersten praktischen Schritte

Marie-Luise Kreuter
Der Biogarten für Einsteiger
Die Grundlagen des Biogärtnerns – vom Kompostieren und natürlichen Düngen über Mulchen und Mischkultur bis zum biologischen Pflanzenschutz · Die wichtigsten Arbeiten im Gemüsegarten, im Kräuter- und Gewürzgärtchen sowie im Obst- und Ziergarten · Bewährte Pflanzen und die besten Sorten.
ISBN 978-3-8354-0926-2